Neue Heimat – 1404

FRAUKE ANGEL

NEUE HEIMAT 1404

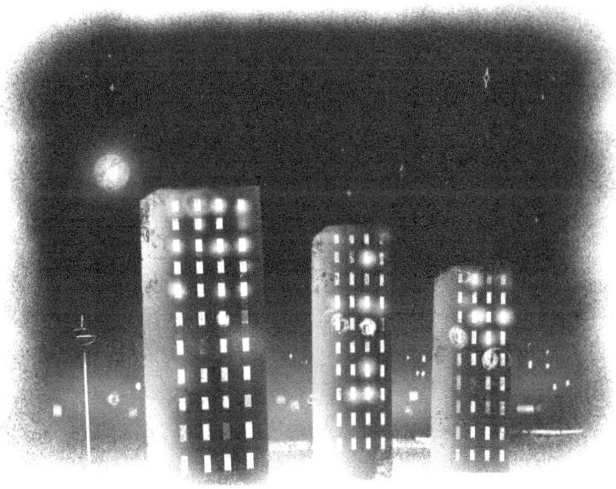

mit Illustrationen
von Stephanie Brittnacher

TULIPAN VERLAG

Vergissmeinnicht

Der Kellner erinnert mich an den Typi, der letztes Jahr Oma Uschis Urne ins Grab abgeseilt hat. Er trägt einen schwarzen Anzug über dem weißen Hemd mit schwarzer Fliege und steht so aufrecht und unbeweglich hinter der gläsernen Kuchenvitrine, dass man glauben könnte, er sei tot. Was er – wie ich schon weiß – nicht ist, denn er hat uns vor zehn Minuten Kaffee und Kakao an den Tisch gebracht. Während Mama mit dem Löffel in ihrer Kaffeetasse rührt und es schafft, in immer gleichen Abständen ein leises, aber nerviges *Pling!* hervorzuzaubern, fixiere ich seine Augen und zähle. Bei 35 muss der Kellner endlich blinzeln und ich gähnen. Es ist Samstagmorgen kurz nach neun, ich bin müde und hab nicht die geringste Ahnung, warum wir hier sind, denn beerdigt wird bei uns, soweit ich weiß, heute niemand und einziehen werden wir hier wohl kaum.

»Magst du ein Stück Kuchen zum Frühstück, Enna?«, fragt Mama plötzlich, ohne die Rührerei zu unterbrechen, denn sie hat meinen Blick zur Vitrine bemerkt. Eigentlich habe ich noch keinen richtigen Hunger, aber dann höre ich mich plötzlich »Torte« sagen. Mama dreht sich um und winkt nach dem Kellner, der sich unerwartet schnell von seinem Platz hinter der Vitrine löst und im aufrechten Stechschritt durch das Café auf unseren Tisch zusteuert. Ich zähle sechzehn Schritte, bis der Totengräber bei uns ist und die Bestellung entgegennimmt.

»Meine Tochter hätte gerne ein Stück Torte«, sagt Mama, als sei es das Selbstverständlichste auf der Welt, den Samstag mit einem Stück Torte zu beginnen.

»Schokoladentorte«, ergänze ich, doch das reicht dem Kellner nicht aus.

»Wenn Sie mir bitte folgen wollen, um Ihre Auswahl zu treffen«, sagt er mechanisch und ich bereue die Bestellung sofort. Es irritiert mich, wenn Leute mich siezen. Was nicht oft passiert, denn ich bin zwölf. Und der Totengräber ist höchstens 25. Trotzdem erhebe ich mich und laufe hinter ihm her zur Vitrine, 27 Schritte sind es bei mir.

Eins, zwei, drei. Ich zeige auf den Kuchen, der als einziger überhaupt nach Schokolade aussieht, und dann beobachte ich, wie der Kellner überraschend langsam ein Stück davon abschneidet und es äußerst akkurat auf einen Teller schiebt. Ich warte darauf, dass er mir den Teller über die Vitrine reicht, doch er scheint mich nicht mal zu bemerken, jedenfalls guckt er mich nicht eine Sekunde an. Stattdessen läuft er mit meiner Torte in der Hand um die Vitrine herum und im Stechschritt exakt denselben Weg zu unserem Tisch zurück, wo er den Teller an meinem Platz abstellt, um gleich darauf auf seinen Posten hinter der Vitrine zurückzukehren, wobei ich ihm ausweichen muss, denn er ändert seine Route nicht einen Millimeter.

Und deshalb muss ich an Papa denken. Oder vielmehr an die Zombieserie, die er gesuchtet hat, bevor er richtig krank wurde, und die ich eigentlich nicht mitgucken durfte, weil die ab achtzehn ist. Was ich aber trotzdem einmal gemacht habe, als Papa vor dem Laptop eingepennt ist, und was zu einem krassen Streit zwischen Mama und Papa geführt hat. Den ich zwar auch gruselig fand, aber lange nicht so gruselig wie das Zombielächeln, mit dem die beiden ab dann wie ferngesteuert durch unsere Wohnung und aneinander vorbeigelaufen sind.

Plötzlich habe ich gar keinen Hunger mehr. Der Kellner lächelt zwar nicht wie Zombiepapa, trotzdem läuft hier der falsche Film. Denn Mama ist heute wirklich überaus freundlich. Viel zu freundlich, als dass es mit dem frühen Aufstehen am Wochenende zusammenpassen kann. Mama ist ein Morgenmuffel. Ein mega Morgenmuffel. Vor zehn darf man sie eigentlich überhaupt nicht ansprechen. Oder wenn man es tut, zumindest keine Antwort erwarten. Mama schmiert sogar meine Schulbrote am Abend zuvor, damit sie morgens nicht mit mir über den Belag reden muss. Wirklich wahr. Wenn ich morgens Redebedarf habe, dann unterhalte ich mich mit der Frau im Radio, meinen Zimmerpflanzen oder mit mir selbst. Das war schon immer so und darf es von mir aus auch bleiben. Ich hab damit kein Problem. Das krieg ich erst, wenn meine Gedanken sich bei den Selbstgesprächen verhaken und ich von dem Tripp nicht mehr runterkomme. Und das passiert genau jetzt. Ich starre auf die Torte und stelle mir vor, dass die Zombies längst die Weltherrschaft übernommen haben und in den Körpern der Menschen wohnen, die ich liebe. Diese Zombies werden von KI gesteuert. Deshalb haben sie immer gute Laune und niemals Bauchschmerzen, egal wie viel Torte sie zum Frühstück verdrücken. Sie bekommen auch keinen Durchfall, sie kacken Glückswürste, die nach Frühlingswiese duften und die auf Toiletten, begleitet von lieblichem Vogelgezwitscher lautlos eingesogen werden, ohne dass jemand die Klospülung drücken muss. Was einerseits gut ist, weil ich das Geräusch von Klospülungen hasse. Und andererseits schlecht, denn ich bin offensichtlich keiner dieser Zombies. Ich habe Bauschmerzen. Und das ganz ohne Torte.

Inzwischen dröhnt in meinem Kopf das mechanische *Pling!* von Mamas Kaffeelöffel, mit dem sie noch immer in ihrer Tasse rührt, wobei es da gar nichts zu rühren gibt. Mama trinkt ihren Kaffee schwarz und ohne Zucker. Warum nur sitzen wir im Nirgendwo der Stadt in einem Friedhofscafé und bestellen Torte zum Frühstück, wenn wir um zehn eine Wohnungsbesichtigung haben? Warum hat Mama sich am Samstag geschminkt, Rock und Pumps angezogen, obwohl wir mit den Rädern hergefahren sind? Warum trägt sie eine Handtasche, anstatt des Rucksacks, den sie beim Radfahren immer aufhat? Hat man mehr Chancen auf eine schicke Wohnung, wenn man selbst aussieht wie eine Immobilienmaklerin? Oder ist diese Frau neben mir vielleicht gar nicht meine Mutter, sondern ein Zombie?

Bevor ich komplett abdrifte, seufzt die Frau plötzlich so schwer, dass ich meine Gedanken augenblicklich zur Seite schieben kann, denn dieses Geräusch kenne ich. Und es gehört eindeutig zu meiner Mutter. Nicht seit ich denken kann, aber doch seit einigen Wochen. Genau genommen seit Papa weg ist und wir auf Wohnungssuche sind. Wobei ich inzwischen weiß, dass es mehr mit der Wohnung als mit Papa zu tun hat, auch wenn Mama beides irgendwie Sorgen bereitet. Doch mit der Trennung von Papa kommt sie besser klar, als mit dem Gedanken, bald mit mir unter der Brücke schlafen zu müssen. Das jedenfalls hat sie am Telefon zu Cleopatra gesagt und auch, dass sie niemals gedacht hätte, wie schwer es ist, als Solo-Frau mit Kind eine schöne, bezahlbare Wohnung zu finden und die dann auch noch zu bekommen. Cleo hat Mama angeboten, dass wir – wenn alle Stricke reißen – auch erst mal zu ihr nach

Hamburg ziehen können, wo sie ganz alleine in einer riesigen Wohnung lebt, die auch noch ihr gehört, sodass wir für den Anfang nicht mal Miete zahlen müssten. Aber Mama meinte, das ginge leider nicht, weil ich hier in der Stadt meine Schule, meine Freund:innen und meine Therapeutin habe und sie wenigstens für ein paar Verlässlichkeiten in meinem Leben sorgen müsse, damit ich nicht noch mehr Störungen entwickele.

Am liebsten wäre ich in ihr Telefonat mit genauso einer Störung reingegrätscht, um klarzustellen, dass ich gar nichts dagegen habe, woanders noch mal neu anzufangen. Am liebsten mit Freund:innen und ohne Therapeutin. Aber dann hätte Mama gewusst, dass ich sie belausche, und das wäre besonders unklug, weil ich momentan fast alle meine Informationen aus ihren Telefonaten mit Cleo beziehe. Mama ist nämlich der Meinung, jedes Kind habe das unbedingte Recht auf eine glückliche Kindheit, ganz egal was für ein Massaker seine Zombieeltern gerade veranstalten. Und auch wie diese glückliche Kindheit aussieht, weiß Mama ganz genau, und sie gibt sich allergrößte Mühe, damit es mir außer an Papa in dieser Kindheit an nichts fehlt. Weshalb ich ihr den Gefallen tue und jetzt Schokoladentorte esse, obwohl mir schon nach dem zweiten Bissen schlecht von der Buttercreme wird.

Ich schiebe den Kuchenteller in die Mitte des Tisches und versuch es mit »Superlecker, die Torte, probier mal«.

Und es klappt! Morgenmuffel-Mama hört tatsächlich auf, in ihrer Tasse zu rühren. Stattdessen hackt sie den Löffel entschlossen in die Torte und beginnt zu schaufeln. Kurz kriege ich Angst um ihr Make-up, aber dann muss ich grinsen, denn mit der Schoki um den Lippenstiftmund sieht sie eigentlich schon fast wieder so aus, wie ich meine Mutter kenne und wie ich sie am liebsten mag.

»Okay, Enna«, sagt Mama dann, »es ist so: Ich will dir eine Wohnung zeigen. Hier. Also gleich hier. Gegenüber auf der anderen Straßenseite. Hast du ... hast du zufällig das Haus gesehen?«

Ich versuche einen Blick durch das Fenster hinter Mama zu werfen, aber ich sehe nichts außer Autos und eine Straßenbahn, die genau jetzt vor dem Café hält und mir den Blick versperrt. Also schüttele ich den Kopf.

»Na ja«, fährt Mama fort, »sie ist jedenfalls bezahlbar, frisch renoviert, ab sofort frei und wir könnten sie kriegen. Ich ... ich hab sie nämlich schon besichtigt. Sie ist allerdings nicht ganz das, was ich gesucht habe.« Mama zerlegt jetzt das Stück Torte in Einzelteile, die sie auf dem Teller hin- und herschiebt. »Sie ist eigentlich gar nichts von dem, was ich gesucht habe«, seufzt Mama schließlich, und es dauert ein bisschen, bis ich kapiere, dass sie nicht die Torte, sondern die Wohnung meint. »Sie ist ... also das Haus ist ... speziell und eher was für den Übergang. Und wenn du sagst, es geht gar nicht, dann machen wir das auch nicht, okay, Enna? Du entscheidest! Und ich ... ich finde noch was anderes, ja? Mach dir keine Sorgen. Hörst du? Keine Sorgen! Wir kriegen das hin.«

Mama lässt den Löffel sinken und guckt mich eindringlich an. Dann streicht sie mir den Pony aus der Stirn, um meine Augen besser sehen zu können. Wahrscheinlich will sie ihre Sorgentheorie überprüfen. Ich gebe mir sofort Mühe, entspannt auszusehen. Das kann ich, denn seit ich Therapie mache, folge ich der Relaxing Queen auf Insta und von der hab ich mir ein paar richtig gute Skills abgeguckt. Jetzt also: Einatmen, ausatmen, Zunge gegen den Gaumen drücken, inneres Lächeln aufsetzen und dabei an Katzenbabys denken. Bei mir müssen es Katzenbabys sein, aber Menschenbabys tun es angeblich auch, jedenfalls bei der Relaxing Queen, die dann richtig entspannt und faltenfrei rüberkommt, obwohl die locker schon fünfzig ist. Keine Ahnung, wie das funktioniert, aber es funktioniert. Jedenfalls krieg ich mit Katzenbabys meine Therapeutin beruhigt und Mama jetzt auch. Die sieht ein bisschen müde, aber doch erleichtert aus. Also sind keine Sorgenfalten auf meiner Stirn zu sehen. Dabei habe ich tatsächlich Sorgen. Allerdings nicht die, dass wir unter der Brücke schlafen müssen. Sondern die, dass Mama demnächst vor Erschöpfung umkippt, wenn sie vor und nach der Arbeit noch weiter Wohnungen besichtigen muss, aus denen dann doch immer nichts wird. Deshalb lächele ich sie jetzt besonders ermutigend an. Mama lächelt auch und schiebt den Kuchenteller wieder zu mir. Mama steckt den Kaffeelöffel zurück in die Tasse. Doch dann scheint ihr plötzlich aufzufallen, dass es darin nichts zu rühren gibt. Also legt sie den Löffel auf der Untertasse ab und holt tief Luft.

»Du guckst einfach gleich mal und dann haben wir das ganze Wochenende Zeit, uns zu entscheiden. Vielleicht wollen wir auch morgen noch mal herfahren und uns im Viertel ein bisschen umsehen, es ist ja gar nicht so weit von uns. Du hättest quasi denselben Schulweg wie vorher, nur genau in die andere Richtung. Und Janet, du weißt schon, meine Friseurin, die wohnt auch hier irgendwo und meinte, so schlecht ist es gar nicht, besonders jetzt im Sommer. Gleich nebenan gibt es die Kiesgrube, da kann man wohl baden gehen, und neben dem Haus gibt es eine große Wiese, da gastiert manchmal der Zirkus, und sonst gibt es noch … warte … es gibt noch …«

»Ein ziemlich trauriges Friedhofscafé«, helfe ich ihr auf die Sprünge.

Mama sieht mich erstaunt an. »Wirklich? Woher weißt du das?«

»Schätze, wir sitzen drin«, antworte ich. Ich zeige auf die Nachbartische, die zwar alle noch unbesetzt, aber mit Sicherheit schon für die nächste Trauerfeier eingedeckt sind. Und auf einmal wird Mama wach. Logo. So langsam beginnt ihre Zeit. Sie guckt sich vorsichtig im Raum um und dann erst fällt bei ihr ganz langsam der Groschen. Ich kann dabei zusehen und das ist trotz der Depri-Deko, die komplett in Schwarz-Weiß-Violett gehalten ist, ziemlich lustig. »Café Vergissmeinnicht« lese ich laut, bevor ich Mama die bedruckte Serviette zum Mundabwischen reiche. Mama starrt auf das Tuch in ihrer Hand. Dann landet der Groschen endlich.

»Oh mein Gott, Enna!«

»Wenn schon, dann Göttin bitte.«

Plötzlich läuten draußen Glocken. Wie auf Kommando kommt der Kellner auf unseren Tisch zugeschossen, zeigt auf das Reserviert-Schild, das dezent hinter der Vase mit den Vergissmeinnicht versteckt ist, und sagt: »Zahlen, bitte!«

»Ja bitte, natürlich, gerne, wir zahlen«, stottert Mama und holt ihr Portemonnaie aus der Handtasche, aber der Kellner rührt sich nicht. Mama starrt ihn an. Und ich helfe ihr noch einmal.

»Du musst mit ihm zur Vitrine gehen. Da steht die Kasse. Ich denke, man zahlt trotzdem nicht dort. Wahrscheinlich läuft man mit der Rechnung wieder zurück an den Tisch und zahlt anschließend hier. Das erscheint dir jetzt vielleicht sinnlos, aber das ist es nicht.« Ich beuge mich über den Tisch zu Mama und flüstere: »Er ist ein Zombie, für Zombies ergibt das Sinn. Glaub mir, ich kenn mich mit Zombies aus!«

Und Mama glaubt mir.

Himmelwärts

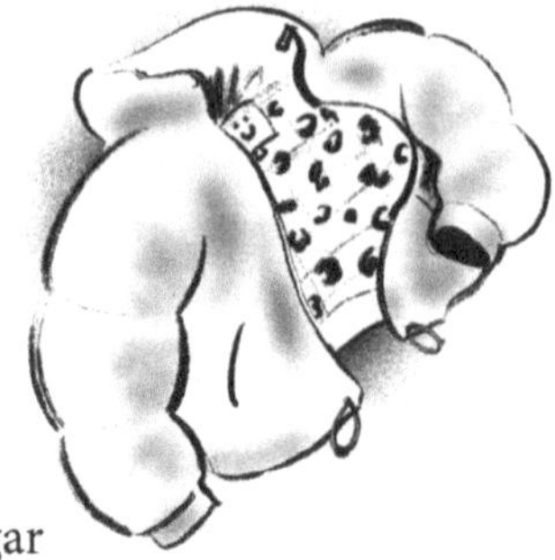

Als wir das letzte Mal umgezogen sind, war ich sechs Jahre alt und unsere Wohnung der Sechser im Lotto, was meine Eltern gar nicht spielen und trotzdem gewonnen haben. Denn eigentlich hatten sie gar keine Wohnung gesucht und dann über Freunde, die ausgewandert sind, deren Palast angeboten bekommen: Fünf Zimmer, Altbau mit Balkon, Gäste-WC, Flügeltüren, Stuck und Holzfußboden, im schönsten Viertel der Stadt. Das Ganze krass günstig, weil unser Vermieter ein alter Mann ist, der von Mietpreisen keine Ahnung hat und seine Mitbewohner:innen einzig und allein danach aussucht, ob sie nett sind. Und nett sind wir. Waren wir. Ich erinnere mich, dass ich auf dem Boden in Eds Wohnküche saß und Fliesen gezählt habe, während Papa den Mietvertrag unterschrieb und Mama fünf Hunderter Mietkaution auf den Küchentisch zählte. Das kam mir damals ziemlich viel vor und ich verstand nicht, wieso meine Mutter die Scheine mit einem Lächeln über den Tisch schob und unter dem Tisch ihre Schuhe auszog, um mit dem dicken Zeh in Papas Bein zu bohren. Das Einzige, was ich kapierte, war, dass Edmund Stumpe ein sehr netter Mensch sein musste und außerdem genauso aussah wie Opa Hans. Opa Hans war der Mann von Oma Uschi und Mamas Vater und außerdem mein Lieblingsopa. Nur leider war er kurz vor unserem Umzug ganz plötzlich gestorben. So plötzlich, dass ich es erst gar nicht glauben konnte. Irgendwie dachte ich wohl, dass sei einer von den schlechten Scherzen, die Papa manchmal macht, um die Stimmung aufzuheitern. Jedenfalls hat Mama wegen Opas Tod so krass geweint, dass Papa reden musste. Und der hat gesagt: »Sieh mal, Enna. Opa hatte einen Kurzschluss. Irgendwo in seinem Hirn ist eine Sicherung durchgebrannt. Und jetzt ist die Leitung tot. Deshalb können wir leider nicht mehr mit ihm reden.«

Mama fand die Erklärung so bescheuert, dass sie sofort aufgehört hat zu schluchzen. Weil es nämlich auch der Sommer war, in dem bei mir die Sicherungen anfingen durchzubrennen. Und ich sollte natürlich auf keinen Fall Angst kriegen und denken, dass ich an meinen Ticks sterben könnte. Das kann man nämlich nicht.

Also verbesserte Mama wahrheitsgemäß und medizinisch korrekt, dass es ein Schlaganfall war, der Opas Gehirn so zerstört hat, dass er nach vier Wochen im Krankenhaus, in denen ich ihn nicht besuchen durfte, daran gestorben ist. Mama hielt es nämlich für ein gute Idee, dass ich Opa so in Erinnerung behalte, wie er vor seinem Schlaganfall war. Oma Uschi war derselben Meinung. Nur ich fand das richtig blöd, denn ich vermisste meinen Opa und wollte ihm unbedingt erzählen, dass ich meine Fahrradprüfung geschafft hatte, für die wir so lange geübt hatten. Doch anstatt zur ersten Radtour ging es dann zu meiner ersten Beerdigung. Auf dem Friedhof bekam ich so was wie eine Panikattacke, weil ich plötzlich kapierte, dass ich ja auch an einem Schlaganfall sterben könnte. »Scheiße! Scheiße!«, hab ich da zum ersten Mal gebrüllt. Das war allerdings kein Tick, sondern genau so gemeint.

Dann kam die neue Wohnung mit Edmund Stumpe im Erdgeschoss, den ich sofort mit Oma Uschi verkuppeln wollte, damit ich wieder einen Lieblingsopa bekäme und alles beim

Alten, beim Guten wäre. Außerdem brauchte ich jemanden, der mit mir fürs Seepferdchen übte. Aber Oma war an Ed nicht interessiert. In ihren Augen war er nämlich bloß ein alter Mann, der keine Ahnung von Geld hatte und eine Frau suchte, die ihm den Haushalt führt. Sie sah auch überhaupt keine Ähnlichkeiten zu Opa Hans, der zwar auch keine Ahnung von Geld gehabt, aber dafür wenigstens die Hausarbeit erledigt hatte. Oma war also nicht zu begeistern. Null. Nicht mal dann, als ich zum Beweis Opas Foto vor ihre und neben Eds Nase hielt, was zugegeben kein optimaler Schachzug ist, um ein Date zu organisieren. Aber das war mir damals natürlich nicht klar. Ich war schließlich – außer in meinen Opa – noch nie verknallt gewesen und wusste nicht, dass dazu ein bisschen mehr gehört als blendendes Aussehen. Und mein Opa sah blendend aus. Alt natürlich, aber trotzdem ein echt schöner Mann, der auch immer so gut nach Rasierwasser roch. Genauso wie unser Vermieter Edmund Stumpe. Ich fand, der Ed hätte sogar der Zwilling von Opa Hans sein können.

Damals hat Mama mir erklärt, dass Menschen dazu neigen, in der Fremde Bekanntes zu entdecken, das ihnen in Wirklichkeit aber gar nicht bekannt ist, sondern sie höchstens an Bekanntes erinnert. Angeblich will das Hirn vertraute Menschen oder Orte erkennen, um sich an der neuen Stelle im Leben sicher und geborgen zu fühlen. Das ist wohl vollkommen normal und hat ausnahmsweise auch nichts mit meinem Enna-Hirn zu tun. Die Nummer hat sogar einen eigenen Psycho-Namen, aber den hab ich leider vergessen.

Genau wie den Namen des Mannes, der heute vor Haus Nummer drei steht und wartet. Dabei kenne ich den wirklich.

Und ich suche hier garantiert nicht nach Bekanntem. Auch nicht unterbewusst. Ich bin mir ganz sicher: In diesem Viertel war ich noch nie. Ich habe noch nie in diesem Friedhofscafé Torte gegessen und noch nie jemanden in diesem Hochhaus besucht. Ich wusste nicht mal, dass es in unserer Stadt überhaupt Hochhäuser gibt. Und hier stehen gleich drei davon rum. Drei. Und vor Nummer drei steht der Mann. Er ist ziemlich klein und ziemlich dünn. Trägt eine blaue Latzhose und einen Buzz Cut, außerdem hat er ein spitzes Gesicht mit einer großen Nase und Haut, die aussieht wie die Ledertasche unserer Mathelehrerin: dunkelbraun gegerbt. Ich krame in meinem Gehirn, woher ich den Mann, der sich jetzt vor der Glastür eine Zigarette ansteckt, kenne, aber ich komm nicht drauf. Dabei kann mein Gehirn überdurchschnittlich gut speichern. Nur heute offensichtlich nicht. Heute ist alles anders. »Scheiße!« Der kam raus.

Mama guckt kurz hoch, kennt den Mann aber wohl nicht. Dann kramt sie wieder in ihrer Handtasche nach dem Handy, denn die Maklerin ist bisher nicht aufgetaucht. Und wir haben schon fünfzehn Minuten nach zehn. »Scheiße!« Schon wieder.

»Frau Rich, sind Sie dit?«, fragt der im Blaumann plötzlich und zack, jetzt hab ichs! Das ist der Hausi! Der Hausmeister aus meinem Kindergarten!

Mama hört auf zu kramen. »Kennen wir uns?«

»Nö, aber dit wird sich ändern. Frydetzki mein Name.« Na klar! Fritzki haben wir früher immer gesagt.

»Ich bin eigentlich mit Frau Speier verabredet.«

»Aber nich uffn Samstag, garantiert nich. Da bin ick zuständig.«

»Zuständig für was?«

»Na, für allet: Unterschrift, Schlüssel, Verstopfung oder wat Sie sonst noch uffm Herzen haben.«

»Frau Speier hatte mir einen zweiten Besichtigungstermin zugesagt, ich möchte meiner Tochter gerne das Haus und die Wohnung zeigen.«

»Zweiraum oder Dreiraum?«

»Wie bitte?«

»Na, wat wolln Sie denn mieten?«

»Eine Dreiraumwohnung wars. Die hatte ich auch schon …«

»Und der Mann?«

»Welcher Mann?«

»Na, der Vatter von der Kleenen, kommt der ooch noch?«

»Nein, da kommt niemand mehr.«

»Na denn: Rin in die jute Stube. Ick hab ooch nich ewig Zeit«, sagt Fritzki und schnippt die Zigarette gekonnt in einen der metallenen Mülleimer, die rings um das Haus wie Pilze aus dem Boden wachsen. Und dann stiefelt der Zwerg los. Er nimmt nicht die eine Stufe zum Eingang wie Mama, sondern den Umweg über die Rolli-Auffahrt. Unschlüssig watschele ich ihm hinterher. Dabei fällt mir auf, dass die Füße eindeutig das Größte an ihm sind. Oder vielmehr seine Stiefel, die plötzlich vor mir stoppen. Mit einem Ruck dreht sich Fritzki zu mir um. »Und immer schön den Müll wegmachen, dit sach ick dir gleich. Ick bin hier nich euer Müllfritze, kapiert?«

»Was sind Sie denn?«, fragt Mama spitz und mit einem gekünstelten Lächeln zurück, aber den Fake bemerkt Fritzki nicht. Galant hält er Mama und mir jetzt die Tür zu dem gläsernen Vorbau des Hauses auf.

»Na, wat denn wohl? Objektbetreuer nennt sich ditte. Herr Frydetzki reicht aber vollkommen aus.«

Noch bevor der Hausi die Eingangstür loslässt, stürmt auf einmal aus dem Nichts ein Rudel Hunde an uns vorbei ins Haus: Bestimmt sechs oder sieben verschiedene Rassen und Größen wuseln durch die Eingangshalle zielstrebig in Richtung einer zweiten Glastür, bis der Junge, der alle Leinen lässig in der linken Hand hält, seelenruhig »Stopp! Und sitz!«, sagt. Auf der Stelle lassen sich alle Vierbeiner auf ihren Hintern fallen. ›Was für ein Move‹, denke ich und gucke aus dem Glaskasten, ob nebenan auf der Wiese zufällig das Zirkuszelt aufgebaut wird, von dem Mamas Friseurin erzählt hat. Aber Fehlanzeige.

»Na, fertig mit Hunderunde, Futzi? Da soll ick euch wohl die zweete Tür ooch noch uffmachen?«

Mama klappt die Kinnlade runter, doch bevor sie was sagen kann, tuts der Junge: »Firuz, nicht Futzi«, verbessert er gelassen ohne Fritzki auch nur anzusehen und schüttelt kurz seinen Kopf mit dem schwarzen Seidenschimmerhaar. »Nee, danke, ich muss erst noch die Post für die Herrchen und Frauchen holen.« Und da seh ich sie, die einzige Wand, die in diesem Kasten nicht aus Glas, sondern aus sonnengelben Briefkästen besteht. Eine mega Wand. Heilige »Scheiße!«. Auch der ging raus.

Einatmen, ausatmen, Zunge gegen den Gaumen drücken, inneres Lächeln aufsetzen und … ob das mit Hundebabys auch klappt? Zur Probe lächele ich die Briefkästen an.

»Neunzig Wohnungen sinds im Haus«, sagt Fritzki auf einmal so stolz, als hätte er das Haus selbst erbaut.

»89«, verbessert der Junge, der jetzt mit einem fetten Schlüsselbund an den Kästen rummacht. »Vierzehn Etagen plus Erdgeschoss mit je sechs Wohnungen. Aber eine davon ist keine, sondern eine Werkstatt.«

»Dit is keene Werkstatt, dit is mein Büro!«, jetzt wird der Hausi übellaunig.

Und Mama ungeduldig. »Können wir? Ich würde meiner Tochter gerne die Wohnung zeigen. Wir haben dann noch weitere Besichtigungstermine.«

Eiskalter Bluff. Hoffe ich zumindest.

Jetzt dreht sich der Junge um. Hui. Augen wie ein Panda. Aus denen guckt er mich abschätzig an. Überlegt. »Wo kommt ihr denn her?«

Jetzt bloß keine Scheiße reden. Eins, zwei, drei. »Aus dem Vergissmeinnicht?«, frage ich zurück, weil ich nicht sicher bin, ob das die Antwort auf seine Frage ist. Ist sie nicht.

»Nee, ich meine … mehr so ursprünglich. – Bist du Ausländer?«

»Wenn schon, dann Ausländerin.«

»Echt jetzt? Woher kommt ihr?« Plötzlich ist der Panda gar nicht mehr lässig, sondern sehr interessiert. Und Fritzki auch. Mama allerdings nicht.

»Wir kommen von der anderen Seite, reicht das fürs Erste?«, fragt sie genervt. »Denn dann können wir jetzt …«

»Der anderen Seite von was? Der Welt?« Der Panda lässt nicht locker.

Mama auch nicht. »Können wir dann jetzt endlich die Wohnung besichtigen?«

»Asiaten seid ihr aber nicht.«

»Wenn schon, dann Asiatinnen.« So langsam macht mir das hier Spaß. Mama seufzt. Mit dem Spaß hat sie es gerade nicht so. »Sie meint die andere Seite der Stadt«, erkläre ich deshalb schnell. Und mit Augenzwinkern.

»Ach so.« Der Panda ist enttäuscht. Oder irritiert vom Augenzwinkern. Er wendet sich jedenfalls wieder den Briefkästen zu. Schade eigentlich.

Der Hausi schließt die zweite Glastür auf. Zieht sie aber nicht ganz auf, sondern schiebt erst mal nur einen Stiefel dazwischen, damit die Tür nicht wieder zufällt. Mit eingequetschtem Fuß und hoch erhobenem Schlüssel dreht er sich zu uns um wie ein Reisegruppenführer. Wir hören. Und auch die Hunde glotzen aufmerksam.

»Die Tür ausm Aquarium raus is immer offen, die Tür ausm Aquarium rein ins Haus is immer zu. Der Schlüssel für unten und unten-draußen is derselbe. Et jibt zwei Schlüssel pro Wohnung, ein dritter kostet extra und kann bei mir in Auftrag jegeben werden. Genauso is dit mitn Wohnungsschlüssel, mitn Briefkasten- und mitn Müllschlüssel. Soweit kapiert?«

»Was ist das Aquarium?« Mama ist doch noch nicht wach.

»Na, wat wohl, dit hier!« Fritzki zeigt in den Glaskasten.

»Und was ist unten-draußen?«

»Da jibt et wat für die Fahrräder. Wenn Sie so wat haben: Eingang is um die Ecke.«

»Und alle Parteien haben dafür einen Schlüssel?«

Fritzki überlegt. Dann sieht er Mama zweifelnd an. »Normal, oder?«

»Ist da schon mal was weggekommen?«

»Soll dit n Witz sein?«

»Klingt das für Sie irgendwie witzig?«

Hui. Jetzt wird Mama grimmig. Sie liebt ihr Rad. Unsere Räder. Die Räder sind wahrscheinlich das Wertvollste, was wir besitzen. Meins ist nagelneu und hat ein Vermögen gekostet. Investition in eine glückliche Kindheit oder so.

Der Hausi sieht Mama an. Sein Röntgenblick bleibt an ihren Schuhen hängen. Auch die passen nicht so richtig ins Ambiente. Er lächelt. »Falls Sie wat Teures fahren: Nehmen Sie es mit in die Wohnung. Im Treppenhaus abstellen is nich. Dit jibt einmal ne Abmahnung und beim zweiten Mal lass ick beräumen. Fluchtweg muss frei bleiben.«

»Wie siehts mit einem Keller aus?«

»Jibt et nich!«

»Und wo … wo stellen die Leute ihre Sachen unter?«

»Wat für Sachen?«

»Na, was weiß ich … Campingausrüstung, Tannenbaumständer, was man halt so hat.«

Fritzki schnaubt verächtlich. »Tannenbaumständer, globen Sie ja selbst nich! Wissen Sie wat so n Tannenbaum heute kostet? Die Leute hier sind doch nich blöd. Die klauen die Tannenzweige vom Friedhof und stecken sie in ne Vase, Lametta dran, fettich is der Lack. Tannenbaum, dass ick nich lache.«

»Also wir haben jedes Jahr einen Tannenbaum«, vermeldet der Panda plötzlich. Er hält nun einen dicken Stapel Briefe vor der Brust. »Und einen Tannenbaumständer haben wir auch. Der steht bei uns in der Kammer. Jede Wohnung hat eine Abstellkammer.«

»Oh, die Kammer, ja, die hab ich gesehen«, rudert Mama zurück.

»Die ist so was wie der Keller oder der Dachboden. Den gibts hier nämlich auch nicht. Meine Mutter stöhnt genauso, dass zu wenig Platz ist. Und wir haben nicht mal eine Campingausrüstung.«

»Keen Zelt, aber n Tannenbaumständer! Ick denk, ihr seid Muselmanen?«, mischt sich Fritzki wieder ein.

Plötzlich heult der Panda auf, als wäre ihm jemand mit einem Stiefel auf die Pfote getreten.

»Mensch, Boulette! Wir sind hier nicht bei *Tausendundeine Nacht*! Das heißt Mus-li-me, nicht Muselmanen. So schwer kann das doch echt nicht sein. Wirklich noch mal? Der Begriff Muselmanen wurde zuletzt im KZ verwendet. Er bezeichnete Menschen, die kurz vorm Hungertod standen und deshalb nicht mehr ganz klar im Kopf waren. Sehe ich so aus, als würd ich gleich durchdrehen und den Leuten hier an die Gurgel springen?«

Stille im Aquarium.

Sogar die Hunde vergessen zu hecheln.

Dann endlich zieht der Hausi die gläserne Tür zum Treppenhaus auf. Die scheint schwer zu sein. Denn der kleine Mann ächzt und hängt schief wie ein Segel im Wind. Ohne Mama oder mich anzuschauen, verkündet er schließlich kopfnickend: »Der Futzi hat recht. Die meisten hier nennen mich einfach Boulette. Ick komm nämlich aus Berlin.«

Die Fahrt bis in den vierzehnten Stock ist kurz und reicht trotzdem, um Mama vollkommen entnervt aus dem Fahrstuhl zu spucken. Denn Boulette hat es tatsächlich geschafft, uns in Höchstgeschwindigkeit eine Frikadelle ans Ohr zu labern und die von beiden Seiten kräftig durchzubraten. Meine Lauscher glühen jedenfalls. Gehört haben sie: In diesem Haus sind zwar verschiedene Nationalitäten am Start, aber kaum Asoziale, weil die Wohnungsbaugenossenschaft ein Auge drauf hat, die Assis rechtzeitig auszusortieren. Und falls ihnen doch mal einer durch die Lappen geht und sich den Einzug erschleicht, dann regelt Boulette das, wir müssen uns also keine Sorgen machen. Mit Assis kennt der sich nämlich aus. Schließlich kommt er aus Berlin, da laufen die reihenweise rum, weshalb Boulette dort auch vor zwanzig Jahren abgehauen ist. Asozial ist, wer vom deutschen Staat Sozialleistungen abkassiert, anstatt für ihn zu malochen, wie Boulette das macht. Dass sein Arbeitgeber nicht der deutsche Staat, sondern ein fetter Immobilienkonzern ist, stört ihn aber nicht. Denn für Boulette sind Assis vor allem Flüchtlinge, die uns Deutschen die Arbeit wegnehmen, was unlogisch ist, denn Assis haben laut Boulette ja gar keine Arbeit, aber meiner simplen Korrektur kann er trotzdem nicht folgen. Weil in der siebten Etage zwei Cutie-Bullerbü-Mädchen, megablond und blauäugig, mit Kaninchen eingestiegen sind, die in der zwölften aber schon wieder rauswollten, was Boulette für einen Moment vom Thema abgelenkt hat. Denn was wollen die da oben? Und warum zum Teufel bumsen hier eigentlich alle wie die Karnickel und machen ständig neue Kinder?

»Na, weil sie dann Kindergeld kassieren können!«, gibt er sich die Antwort am Ende selber. Und Kindergeld sei auch eine Sozialleistung, die er mitfinanziert und die ihm trotzdem niemals zustehen wird, weil er nämlich keine Kinder hat. Was er ungerecht findet. Er selbst wird in seinem ganzen Leben nämlich höchstens mal ne mickrige Rente von Vater Staat abkassieren. Worauf aber auch geschissen ist, weil die erst in zwanzig Jahren fällig wird und dann ist hier eh Bürgerkrieg.

Was im Klartext bedeutet: Entweder kann Boulette nicht rechnen oder er sieht viel älter aus, als er ist. Und weil er unsere entsetzten Blicke und Mamas Augenrollen im Fahrstuhl Spiegel bemerkt, klärt er uns zu guter Letzt auch noch über die Entstehung seiner Falten auf: »Dit wat Sie hier sehn, dit sind die Sorgen. Die fressen dich auf. So wie bei meene Perle, die Roswitha. Aufgestanden, Stullen geschmiert, umjekippt und zack: tot. Fünf Jahre is dit her, wo sie plötzlich an Krebs krepiert is. Und jetze? Wer kriegt jetzte ihre Rente? Gloob ma nich, dit ick die krieg. Warn ja nich verheiratet. Nee, dit wandert allet schön in n deutschen Sozialstaat. Und wat krieg ick? Keene Stullen mehr. Und dann Krebs wahrscheinlich. Weil ick jenau wie die Rosi … wir ham dit am eigenen Leib erlebt, ick sach nur Tschernobyl. Dit mit n Krebs kam nich von unjefähr. Nee. Alles einjewandert. Und seitdem jehts abwärts.«

Bei der Tschernobyl-Nummer steigt Mama aus. Also wir steigen alle aus, weil die Vierzehn Endstation ist, höher gehts nicht. Aber Mama macht dazu noch ihre Schotten dicht. Den Blick auf den Boden gerichtet, marschiert sie auf ihren Pumps megazackig den unfassbar langen Flur entlang, von dem rechts und links Wohnungstüren abgehen. Obwohl ich Sneaker anhabe, schaffe ich es kaum, Schritt zu halten, den Hausi haben wir längst abgehängt. Am Ende des Flurs biegt Mama ohne Ankündigung scharf rechts ab und stellt sich wie eine Soldatin kerzengerade neben die einzige Wohnungstür, die sich hier in der kurzen Sackgasse befindet. 1404 steht auf dem Türschild. Mehr nicht.

Ich sehe, wie verspannt die Soldatin ist. Sie umklammert ihre Handtasche so fest, dass die Haut um die Knöchel weiß wird. Und das heißt: Mama ist schussbereit, reißt sich aber zusammen. Und das kann nach hinten losgehen. Meistens geht der Schuss abends beim Telefonat mit Cleopatra los. Aber manchmal eben auch mitten am Tag auf der Straße, wenn wir von einer Wohnungsbesichtigung zur nächsten hetzen. Dann flucht Mama plötzlich so krass, dass man denken könnte, sie hätte Tourette und nicht ich.

Auf einmal tut sie mir ganz schrecklich leid. Noch vor einem halben Jahr hätte Mama die Boulette im Nahkampf ohne Rücksicht auf Verluste auseinandergenommen und der Drops wäre gelutscht gewesen.

Der Drops ist ein Spruch von Cleopatra und ich mag den, so wie ich alles an Cleo mag. Sie ist einfach mal schräg und witzig und so unglaublich schön, dass ich wirklich gerne zu ihr nach Hamburg gezogen wäre. Warum hab ich Mama das bloß nicht gesagt? Dann würde es ihr jetzt nämlich auch besser gehen. Ihr fehlt ihre älteste Freundin, so wie mir meine alte Mama fehlt, das weiß ich. Das sehe ich. Wie Mama schon dasteht: steif, sprachlos, unglücklich. Und das wegen einem Zwerg, der sich für den Größten hält.

»Pimmel!« Heilige Scheiße. Ich seh erschrocken zu Mama rüber. Eigentlich reagiert sie fast nie auf meine Ticks, erst recht nicht auf neue, aber jetzt schon.

»Entschuldige«, sagt sie, bevor ihr ein breites Grinsen übers Gesicht huscht, »aber der ist echt gut. Was für ein Pimmel!«

In dem Moment kommt der kleine Mann in seinen großen Stiefeln um die Ecke. Doch zwei grinsende Frauen machen ihn offensichtlich unsicher. Nervös steckt der Hausi seinen Schlüssel ins Schloss von 1404, schließt auf und lässt uns eintreten.

Mama drückt meine Hand. »Du guckst dich um, Enna. Ganz in Ruhe. So viel Zeit muss sein.« Dann wendet sie sich lächelnd an den Hausi: »Und ich würde gerne noch mal einen ausführlichen Blick in die Abstellkammer werfen.« Während Mama Zollstock und Taschenlampe aus ihrer Handtasche kramt, mache ich die Tour, die ich bestimmt schon 25 Mal gedreht habe. Und die diesmal doch so anders ist als alle bisherigen. Die Wohnung ist hell und riecht nach frischer Farbe und Plastik. Vom Flur gehen rechts das Bad, links die geheimnisvolle Kammer und nach vorne drei Zimmer ab. Ein mittleres, ein kleines und ein großes, in dem sich auch die offene Küche befindet. Die Fensterfronten aller Zimmer und auch der Balkon zeigen in dieselbe Richtung. Südwesten muss das sein, denn die Vormittagssonne knallt jetzt schon so krass rein, dass ich die Staubkörnchen tanzen sehen kann. Ansonsten sehe ich hier nur eins: Himmel.

Ich öffne im großen Zimmer die Balkontür und trete ins Freie. Ich gehe zwei Schritte bis zur Brüstung und werfe vorsichtig einen Blick übers Geländer. Vorsichtig, weil ich einmal mit Mama und Cleo auf dem Hamburger Dom aus dem Kettenkarussell gekotzt habe. Doch hier wird mir nicht schlecht. Nichts wackelt und sehen kann ich auch was. In der Ferne die Stadt als Miniatur. Und am Fuße des Hauses einen Wäscheplatz und eine frisch gemähte Wiese, von der die Streifen des Rasenmähers im Wechsel hell- und dunkelgrün leuchten. Dahinter einen Bolzplatz wie aus einem amerikanischen Ghetto-Film, umzäunt mit einem hohen Gitter.

Weiter sehe ich einen Mann, der Wäsche aufhängt, einen Hund, der auf die Wiese kackt. Und dann eine Gruppe von

Jugendlichen, die aus dem Schatten des Hauses auftaucht und den Bolzplatz ansteuert. Zwei klettern über das Gitter, anstatt den Eingang auf der gegenüberliegenden Seite zu benutzen. Die anderen johlen und drehen Musik auf, während sie durch das Drehkreuz den Bolzplatz betreten. Ich kann nicht erkennen, wer die Box dabeihat. Aber ich kann sehen, wie sich eine Cap aus der Gruppe löst und zum Fußballtor schlendert. Es ist ein Mädchen. Ein Pufferjackenmädchen. Am Tor angekommen lässt sie ihre Handtasche fallen und schmeißt die Cap in die Luft. Ihre blonde Mähne fliegt ins Sonnenlicht. Dann fängt sie an, am Pfosten des Tors zu orientalischem Rap oder was auch immer da läuft zu twerken. Aber wie! Ihr Arsch wackelt wie der einer Göttin. Ich bin schockverliebt. Bitte, liebes Universum, lass dieses Mädchen meine Freundin werden.

»Scheiße!«

Ich zucke zusammen, als sich Mamas Hand auf meine Schulter legt. Die zieht ebenso erschrocken ihre Hand zurück. Ihr Blick ist besorgt. »Tut mir leid, Enna. Wirklich. Ich weiß auch nicht, was ich mir dabei gedacht habe … das war … das war eine dumme Idee.«

»Was denn?« Ich steh gerade voll auf der Leitung. »Stimmt was nicht mit der Abstellkammer?« Jetzt steht Mama auf der Leitung. Sie sieht wirklich müde aus. Wahrscheinlich tun ihr die Füße weh. »Willst du mal die Schuhe ausziehen?«, frage ich deshalb. Mama guckt erst mich, dann verwirrt ihre Schuhe an. Fragend hebt sie den Blick wieder. »Ist besser für den Fußboden, deine Hacken machen Macken, und der ist neu. Sieht aus wie Holz, ist aber garantiert Plaste. Riecht man bis aufn Balkon, oder?«

»Wolln Sie noch wat sehn?« Ah. Der Zwerg ist wieder am Start.

»Wollen wir gehen, Enna?«

»Ick kann Ihnen noch den Müllplatz zeigen.«

»Was meinst du, Enna? Nach Hause?« Mama streicht mir müde über die Haare.

»Von mir aus können wir noch den Müllplatz angucken.«

»Das müssen wir nicht, Enna, wirklich nicht.«

»Doch, das müssen wir! Ich hoffe, hier wird getrennt. Hier wird doch getrennt?«, frage ich Boulette.

»Wat wird jetrennt?«

»Na, Plaste von Restmüll und Pappe und Glas und …«

»Ham wir allet hier, Hundekot jibts ooch. Und Altkleider. Kann ick Ihnen zeigen, wenn wir wieder runterfahrn.« Boulette wird zappelig. Und Mama auch.

»Einen Moment, ich will meiner Tochter noch schnell die Kammer zeigen.«

Boulette grunzt. Wieder drückt Mama meine Hand, doch dieses Mal lässt sie nicht los. Sie zieht mich vom Balkon hinter sich her durch das Wohnzimmer in den Flur, da entscheidet sie sich spontan um und schiebt mich ins Bad. Ich denke, sie muss mal, und sie muss auch, aber nicht Pipi.

»Wir müssen reden, Enna!«

»Müssen wir?«

»Es tut mir wirklich leid. Ich wollte dir nicht das Wochenende vermiesen.«

»Wieso vermiesen? Ich hatte Torte zum Frühstück.«

»Enna!«

»Und: Wir haben eine supergeile Wohnung!«

»Was?«

»Du hast gesagt, die können wir kriegen.«

»Aber …«

»Aber was? Können wir oder können wir nicht?«

»Das ist ein Scherz, oder?«

»Wieso? Ist doch spitze hier! Hast du gesehen, wie wir wohnen können?«

»Wie können wir denn wohnen, Enna?«

Jetzt kommt doch noch Pipi. Zum Glück gibts schon Klopapier. Ich reiße ein paar Blätter ab, für die Wimperntusche, die Mama über die Wangen läuft. Muss ja nicht sein, dass sie jetzt auch noch aussieht wie ein Zombie. »Na himmlisch, Mama! Ich sage nur: 1404. Ab jetzt gehts aufwärts!«

Neues Spiel, neues Glück

Unser Umzug kommt überraschend. Was an Cleopatra liegt. Die ist nämlich der Meinung, dass Mama in den letzten Monaten genug allein gestemmt hat und jetzt maximalen Support und keinen Bandscheibenvorfall gebrauchen kann. Womit ich ihr vollkommen recht gebe. Und deshalb hat Cleopatra, surprise, surprise, eine Umzugsfirma für uns organisiert. Cleo macht so was, weil sie total crazy ist und Geld, aber keine Kinder hat. Doch weil sie keine Kinder hat, war ihr nicht klar, dass die Schulferien in den Bundesländern unterschiedlich sind. Und deshalb klingeln uns die drei Männer in Muskelshirts auch nicht wie heimlich von Cleo geplant zu Ferienbeginn, sondern genau eine Woche zu früh aus dem Bett. Mama kriegt Schnappatmung, als sie schnallt, was die Männer mit uns machen wollen: umziehen. Jetzt!

Weil es noch lange nicht zehn Uhr, aber Mama schon total fertig mit den Nerven ist, schnappe ich mir ihr Handy und rufe Cleopatra an. Eins, zwei, drei. Zum Glück erwische ich sie. Heute in Mailand, wo sie entweder schon aufgestanden oder noch gar nicht ins Bett gegangen ist. So genau weiß man das bei Cleo nie. Sie ist Opernsängerin und feiert überall auf der Welt große Premieren und noch größere Premierenfeiern, die bis in den Morgen gehen können. In Hamburg war ich einmal auf so einer Party dabei, aber ich habs nur bis Mitternacht geschafft, dann bin ich eingeschlafen. Jetzt bin ich hellwach und schildere Cleo unser Problem, das für sie keins ist.

»Ihr habt noch nicht gepackt? Na, umso besser, da freut sich Stellas Rücken. Gib mir mal einen von den Männern, Enna. Am besten den Anführer.«

»Woher soll ich wissen, wer das ist? Die sehen alle gleich aus. Pimmel!«

»Genau. Nimm den, der auf richtig dicke Hose macht.«

Ich guck mich um und entscheide mich für den Bärtigen, der steht am breitbeinigsten in unserem Wohnzimmer rum. Volltreffer!

Ich hab keine Ahnung, was Cleo und er am Telefon verhandeln, aber dreißig Minuten später sind wir durch. Auf den Möbeln, die wir mitnehmen wollen, kleben rote Punkte, und die drei Männer packen unsere Umzugskartons. Ich koche Kaffee und rufe nach Mamas zweiter Tasse das Taxi, genau wie Cleo befohlen hat. Gerade als ich mit Mama loswill, klingelt Cleo noch mal durch und erinnert die Muskelmänner an unsere Fahrräder, die im Fahrradschuppen stehen. Und mich an den Keller.

»Braucht ihr da noch was raus, Enna? Überleg mal. Aber schleppt bloß keinen Müll mit. Alles, was ihr seit dem letzten Umzug nicht angerührt habt, bleibt da, wo es ist, ich hab auch einen Entrümpelungsdienst bestellt.«

Ich überlege. Aber mehr als der Tannenbaumständer und die Campingausrüstung fällt mir spontan nicht ein.

»Super, dann los! Ich wünsch euch ein gutes Ankommen in der neuen Heimat, Enna. Knutsch mir Stella. Sie soll mich anrufen, wenn sie wieder geradeaus gucken kann. Und: Essen nicht vergessen! Ich hab gegoogelt. Es gibt einen Vietnamesen bei euch. Mit Lieferdienst. Probiert den heute aus. Und genießt den Tag.«

Und das tun wir. Cleo widerspricht man nicht, also ich nie und Mama nur ganz selten. Deshalb fahren wir mit dem Taxi und dem Wichtig-Ordner in die neue Wohnung. Wichtig ist, als Allererstes unseren Namen auf den Briefkasten im Aquarium zu kleben, findet Mama. Doch ihren Sticker kann sie gleich wieder einpacken, auf unserem Briefschlitz steht nämlich bereits »Rich«. Und Post ist auch schon da: Die Hausordnung der Immobilienverwaltung, Werbung von drei Essenslieferanten: italienisch, indisch und – Überraschung! – vietnamesisch, ein Flyer vom Gebrauchtwagenankauf und eine Postkarte. Zuerst denkt Mama, dass die Karte auch Werbung ist, weil vorne drauf Palmen und das Logo vom Reisebüro »Sonnenstunden« zu sehen ist, aber dann reicht sie die Karte an mich weiter. »Schätze, du hast einen ersten Freund hier, Enna.«

Ich lese: *Hallo neue Nachbarinnen, die ihr keine Asiatinnen seid. Ich hoffe, ihr zieht hier ein. Boulette sagt Ja, aber das muss nichts heißen. Falls doch: Darf ich mir eure Campingausrüstung mal ausleihen? Nicht fürn Urlaub, nur für die Wiese. Grüße aus der 0101, Firuz – nicht Futzi!*

Bevor wir das Aquarium Richtung Fahrstuhl verlassen, werfe ich einen Blick auf die Wiese, denn Campen vorm Hochhaus finde ich ja schon ein bisschen cringe, obwohl es auf der Wiese ein paar lauschige Flecken mit Büschen und Bäumen gibt. Unter denen jetzt … Lamas grasen.

»Guck mal, Mama! Ist das … nee, oder?«

Mama kommt zu mir an die Scheibe. Wir drücken uns zusammen die Nasen platt.

»Doch. Das ist der Mann aus dem Friedhofscafé, der mit der Torte!«, stimmt Mama mir zu. Dabei hatte ich den Totengräber im Schatten der Bäume noch gar nicht entdeckt. »Und was bedeutet das, Enna?« Mama grinst.

»Heute keine Beerdigung?«

»Stimmt genau! Heute Umzugsparty!« Alles klar. Inzwischen ist es anscheinend deutlich nach zehn und Mama kommt in Fahrt. Aber wie! Im Fahrstuhl untersucht sie zuerst ihre Augenringe und schneidet dann bis in die Vierzehn vor dem Spiegel Grimassen wie ein Zirkusäffchen. Logo eigentlich, denn schließlich wird unten gerade ein Zirkuszelt aufgebaut, wie ich aus dem winzigen Flurfenster neben unserer Wohnungstür sehen kann.

»Wenn du es bei den Reichen und Schönen nicht mehr aushältst, kannst du mit deinem Gesichtsyoga auch da auftreten, die nehmen dich garantiert«, versichere ich und hebe Mamas Laune damit schlagartig um locker dreißig Dezibel.

Mamas Playlist, die uns die nächsten Stunden beim Einziehen begleitet, trägt den Titel »Frauenpower« und ist nur bedingt jugendfrei, aber das stört heute niemand. Nicht mal die ältere Dame, die neben uns wohnt und anscheinend nur darauf gewartet hat, das hier endlich was losgeht. Jedenfalls klingelt sie eine halbe Stunde, nachdem Mama und ich die Wohnung inspiziert und mit Kreppband Markierungen für die Möbel auf den Boden geklebt haben, Sturm. Doch nicht um sich wegen der Musik zu beschweren. Sondern um uns Salz und Brot zu bringen. Das ist anscheinend ein Brauch, mit dem man den frisch Umgetopften alles Gute im neuen Zuhause wünscht. Ein Zuhause, in dem es nie am Wichtigsten – Brot – und nie an der Würze – Salz – fehlen soll. Das Brot unserer Nachbarin ist allerdings steinhart, weil gefroren, und das Päckchen Salz ist bereits angerissen und klumpig. Mama kriegt trotzdem sofort Pipi in die Augen und strahlt, als hätte die Dame uns gerade eine dreistöckige Torte gebacken. Die Dame hat obenrum irgendwas Sackartiges in Oldie-Beige an, aber unten trägt sie rosa Puschen mit Absatz, die ins Auge knallen, voll der Hello Kitty-Style, ziemlich abgefahren.

»Frau Lämmerhirte, guten Tag«, stellt sie sich vor und Mama dreht die Musik leise, was aber nicht nötig wäre, denn »erstens bin ich etwas schwerhörig, also bitte hämmern und nicht klingeln, wenn Sie mal was brauchen. Und zweitens liebe ich Musik. Ich war früher ja Tänzerin im DDR-Ballett.« Sagts und tänzelt auf ihren Puschen in unsere Wohnung.

Ich weiß zwar nicht, was das DDR-Ballett ist, aber sie klingt schon sehr stolz. Und stolz ist Frau Lämmerhirte auch auf ihr Haus. Mit zwei kleinen Fläschchen Sekt, die sie aus den Tiefen ihres Ponchos hervorzaubert, überredet sie Mama wegen fehlender Sitzgelegenheit zu einer ersten Verschnaufpause am Tresen, der unsere Küche vom Rest des Wohnzimmers trennt. Dort lässt sie sich ausführlich über das Haus aus, in dem sie eine der ersten Mieter:innen war. »1974 gebaut, seitdem wohne ich hier, ohne Unterbrechung! Am Anfang waren wir eine tolle Gemeinschaft. Inzwischen sind leider die meisten von uns tot. Diesen Winter gabs eigentlich jeden Monat eine Beerdigung. Ich habe nur noch eine Freundin, die hier wohnt, das ist die Irmi, Irmgard Schnauz, in der Fünf. Aber die sieht jetzt auch schon Gespenster. Andauernd sind Diebe in ihrer Wohnung, die sie beklauen. Das Besteck, die Briefmarkensammlung, der Schmuck, die

Zinnkrugsammlung – scheußliches Zeug – nichts steht mehr an seinem Platz. Aber ja, so ist das im Alter. Wahrscheinlich Demenz. Was will man machen? Genießen, würde ich sagen, solange mans noch mitkriegt!« Und Frau Lämmerhirte genießt in vollen Zügen! Ihren Sekt, unsere Gesellschaft und die Aussicht. Mit Wangen, die farblich inzwischen super mit ihren Puschen matchen, tritt sie unaufgefordert auf den Balkon und gibt uns weitere Insider-Informationen.

»In den Siebzigern sah das natürlich noch ganz anders aus. Hier stand ein Meer von Türmen, und wenn man nicht ganz oben eine Wohnung bekommen hat, dann war der Ausblick, na ja, trübe will ich mal sagen, jedenfalls im Winter. Im Sommer dagegen war hier immer schon Remmidemmi. Die Balkone besetzt und zugepflanzt bis obenhin, überall Blumen. Das sah herrlich aus! Mögen Sie Blumen? Ich hoffe doch! Heute machen das nur wenige. Zu viel Arbeit. Schade. Aber dafür ist ja dann das Grün da unten dazugekommen. Ende der 90er haben sie ordentlich zurückgebaut, da war was los! Geblieben sind nur die drei Türme. Ist aber auch hübscher jetzt mit Wiese und dem Sportplatz für die Kinder, muss ich zugeben. Auch wenn die Jungschen nicht ohne sind. Da sind ein paar ganz schöne Rotzlöffel dabei. Die da zum Beispiel, die kleine Zieschank, die hats faustdick hinter den Ohren!«

Frau Lämmerhirte verbiegt ihren dünnen Oberkörper erstaunlich geschmeidig über dem Geländer des Balkons, um mit dem Arm in Richtung Zirkuszelt zu zeigen, an dem inzwischen schon ein Haufen Kinder eingetrudelt ist. Trotz des Gewusels ist mir sofort klar, wer diese kleine Zieschank sein muss: das Pufferjackenmädchen nämlich. Die turnt gerade zwischen den Zirkusleuten rum und scheint etwas zu verhandeln. Jedenfalls sehe ich sie diskutieren, gestikulieren und zwischendurch Räder schlagen. Ich wünschte, ich könnte so was auch.

»Scheiße! Scheiße! *Toktoktok.*«

Frau Lämmerhirte blinzelt irritiert. Den Blick kenne ich. Sie weiß nicht, ob sie richtig gehört hat, und wartet ab, ob da noch was kommt. Und es kommt.

»Scheiße!«

An Katzenbabys denken. Lächeln. Dann in die Offensive, das klappt meistens.

»Ich meine, Wahnsinn! Wie beweglich die ist. Ich wünschte, ich könnte das auch. Aber ich bin leider nicht so die Turnerin«, überspiele ich gekonnt. Und es klappt.

»Und was machst du gerne? Außer zur Schule gehen natürlich?«, fragt Frau Lämmerhirte und bringt mich ins Schwitzen. Und das nicht nur, weil ich nicht gerne zur Schule gehe. Auch das andere kann man alten Leuten immer so schlecht erklären.

»Ich interessiere mich für … die Natur und Umweltschutz. Und ich bastele gerne. DIY. Ich sammele Müll und upcycle den. Also, so was wie: Aus Alt mach Neu, verstehen Sie?«

Frau Lämmerhirte sieht mich an und lächelt. Aber sie versteht nicht, das kann ich sehen. »Und Sie, Frau Rich, was machen Sie, wenn ich fragen darf?«, überspielt sie daher genauso gekonnt wie ich vorher.

»Sie dürfen gerne Stella zu mir sagen, Frau Lämmerhirte. Und meine Tochter heißt Enna.«

»Stella?! Wie schön!«

»Meine Mutter macht dasselbe wie ich. Nur mit Menschen. Sie restauriert sie. Mit Cremes und Massagen und Make-up. Sie ist Maskenbildnerin.«

»Ich war Maskenbildnerin, Enna. Jetzt bin ich schnöde Kosmetikerin mit kleinen Extras für den Hausgebrauch.«

Bei »Hausgebrauch« leuchten Frau Lämmerhirtes Augen verdächtig. Um Mama vor unbezahlten Nachbarschaftsdienstleistungen zu bewahren, sage ich schnell: »Aber Mama wird bestimmt bald wieder am Theater oder an der Oper anfangen. Ich bin ja jetzt alt genug und kann abends auch alleine sein. Mama hat nämlich überhaupt keine Lust mehr, den Leuten zwischen Pickeln und Falten im Gesicht rumzufuhrwerken. Die findet das richtig eklig.«

»Enna!«, protestiert Mama erstaunt. »Das ist jetzt aber maßlos übertrieben. Die Pickel und Falten der Leute zahlen immerhin unsere Miete und da bin ich heilfroh drum. Worauf ich wirklich keine Lust mehr habe, ist, mich selbst jeden Morgen aufzutakeln. Und das wird in meinem Job natürlich erwartet. Man geht ja auch nicht zum Friseur, der selbst keine Frisur hat, oder?«

Frau Lämmerhirte, deren Friese eins a sitzt – bestimmt hat sie mit Wicklern geschlafen – schüttelt entschieden den Kopf. Dabei inspiziert sie auffällig unauffällig – denn sie legt eine Quasselpause ein – Mamas Gesicht, die das natürlich bemerkt und lächelnd klarstellt: »Was Sie hier sehen, ist allerdings Natur. Heute wird ja nicht gearbeitet, Samstag muss ich fast nie ran, wobei …« In diesem Moment geht die Klingel. »Jetzt wohl schon.«

Mama springt zur Sprechanlage, die nicht aufhört zu blinken, egal auf welche Taste sie in ihrer Panik drückt. Zum Glück haben wir mit Frau Lämmerhirte einen Profi an unserer Seite. Die lässt sich weder vom Klingeln noch vom Blinken aus der

Ruhe bringen und zeigt uns ganz gelassen, wie das Ding funktioniert.

»Hier der Schlüssel, da drückt ihr zum Aufmachen. Ihr könnt aber vorher fragen, hier mit dem Lautsprecher, wer da ist. – Hallo, wer ist da?«

»Na, Umzug Eilert, wer denn sonst?«, dröhnt es uns genervt entgegen. »Wir laden jetzt aus. Wohin geht die Reise?«

»In die Vierzehn, bitte!«, flötet Frau Lämmerhirte und dreht sich zu uns um. »Ihr müsst aber unbedingt anschließend die Sprechtaste noch mal ausdrücken. So. Jetzt leuchtet nichts mehr. Sonst blockiert ihr für alle anderen die Anlage. Und hört in eurer Wohnung das Geschwätz der Nachbarn, die sich unten im Aquarium unterhalten.« Frau Lämmerhirte hält kurz inne. »Wenn ihr schwerhörig seid, hört ihr das allerdings nicht. Dann hört ihr bloß irgendwann die Nachbarn brüllen, dass der Idiot endlich die Sprechanlage freigeben soll.« Bei dem Gedanken kichert Frau Lämmerhirte. Dann macht sie weiter: »Aber jetzt kommt das Beste, ihr könnt euch Klingeltöne aussuchen, sogar für unten und oben verschiedene. Und die Lautstärke könnt ihr auch einstellen.«

Und genau das macht unsere neue Nachbarin jetzt vor. Scheiße ist das gut! Frau Lämmerhirte an der Sprechanlage gibt DJane Pinke Pusche an den Turntables. Ich übertreibe nicht, wenn ich sage, die Party ist im vollen Gange, als die Muskelmänner mit der ersten Fuhre oben ankommen. Mit den Worten »Ich komme wieder, wenn Einweihungsfeier ist!«, tänzelt Frau Lämmerhirte in die Nachbarwohnung. Und ich mit klingelnden Ohren in den Fahrstuhl. Mama hat mir aufgetragen, die Räder unterzustellen und unten vor dem Aquarium darauf zu achten, dass von unseren Sachen nichts wegkommt, während sie oben die Muskelmänner mit den Möbeln und Kartons dirigiert.

Ich schnapp mir also mein Rad und fahr als Erstes zwischen unseren Möbeln durch und nach links einmal ums ganze Haus rum, um mir einen Überblick zu verschaffen: Blick auf Wand, Blick auf Flutrinne, Blick auf Wand, Blick aufs Zirkuszelt, Blick auf Wand, Blick auf Wäsche- und auf Bolzplatz, Blick auf Wand, Blick auf Krähen, Blick auf Wand, Blick auf Grün, Blick auf Wand, Blick auf Hund, Blick auf Wand, Blick auf Blau – was, ups, gar keine Decke, sondern ein in den Rasen eingelassenes Trampolin ist, Blick auf Wand, Blick auf Parkplatz, Blick auf Wand, Blick auf Frauen mit Einkaufstaschen, Blick auf Wand, Blick auf Frauen mit Babys, Blick aufs Aquarium, Blick auf Bronzestatue, Blick auf Wand, Blick auf Bank und oh, einen Mini-Spielplatz mit Sandkasten gibts also auch, und zack, einmal rum. Den Fahrradraum hab ich allerdings nicht gefunden.

Draußen um die Ecke hat Boulette, der Witzbold, gesagt, nur hat ein Haus ja vier davon. Also noch mal von vorn und Blick stur auf die Hauswand gerichtet. Als ich wieder auf Höhe vom Sandkasten angelangt bin, erhebt sich ein weißhaariger Mann mit Honigkuchengrinsen von seiner Bank und zeigt mir die Tür, die ich suche. Weiß auf Weiß, nur die Klinke hebt sich von der Hauswand ab. Na toll. Ich stelle mein Rad in den schmalen Raum, der kaum Platz für zwanzig Räder hat, und hole Mamas, während der Weißhaarige an der offenen Tür wartet und mich freundlich belehrt: »Die darfst du nie offen stehen lassen, Mädchen. Immer abschließen, egal wie kurz du weg bist, zweimal am besten. Zuziehen reicht nicht, das bekommen sie leicht auf. Wir wohnen zwar genau drüber und ich krieg das mit, aber so gut bin ich leider nicht mehr auf den Beinen, dass ich die erwische.«

Ich sag schnell Danke und sehe zu, dass ich wieder nach vorn zu unseren Möbeln komme, denn die sind auch nicht abgeschlossen.

Und wirklich, bei unseren Sachen stehen auf einmal richtig viele Leute, Erwachsene und Kinder. Der Panda ist leider nicht dabei, aber dafür die ultrablonden Bullerbü-Mädchen aus dem Fahrstuhl, heute ohne Kaninchen. Eins von ihnen hält gerade meinen Käfig in die Höhe und inspiziert den von allen Seiten. Und niemand sagt was. Was stimmt mit denen nicht? Wir sind doch hier nicht auf dem Flohmarkt!

Eins, zwei, drei.

»Ey!«

Das Kind dreht sich erschrocken um. Ups. Es ist ein Junge. Glaub ich.

»Hey!«, antwortet er. Bevor er sich wieder dem Käfig zuwendet und den Öffnungsmechanismus der Tür untersucht. Vergeblich.

Ich pflanze mich direkt vor ihn. »Der hat einen Stabverschluss, da unten.«

Jetzt heben beide Blondies die Köpfe. Scheiße, die sehen ja genau gleich aus. Doch jetzt meldet sich der andere zu Wort: »Gehört das dir?« Die andere. Okay. Ein Junge, ein Mädchen, Twins.

»Jepp.«

»Können wir den haben?«

»Wie – haben?«

»Schenkst du uns den Käfig?«

»Weshalb sollte ich?«

»Weshalb nicht?« Der kam stereo.

»Vielleicht brauch ich den selber noch?«

Beide gucken mich skeptisch an. Dann fragt der Junge: »Hast du einen Vogel?«

Hallo? Was geht die das an? Katzenbabys, Katzenbabys, Katzenbabys!

»Hab ich nicht. Und das ist auch kein Käfig, in dem man einen Vogel halten kann. Der ist null artgerecht. Und außerdem eine Antiquität.«

Zweimal Fragezeichen. Sonst keine Reaktion. Okay: einatmen, ausatmen.

»In diesen Käfigen haben die Züchter früher ihre Singvögel ausgestellt.«

»Wann früher?« Das war das Mädchen.

»Vielleicht vor hundert Jahren?«

Blickwechsel. Dann wieder der Junge: »Dann ist der Käfig hundert Jahre alt.«

Schlaukopf.

»Sag ich doch: eine Antiquität.« Den kann ich mir nicht verkneifen. Auch nicht den Blick auf unsere Sachen. Soweit ich sehen kann, ist noch alles da. Trotz der interessierten Blicke der anderen Nachbar:innen. Langsam stellt der Junge meinen Käfig wieder ab. Sehr langsam. Auch er glotzt jetzt den Berg an. Zeigt drauf.

»Ist das alles Müll?«

Spinnt der?

»Das ist kein Müll! Wir ziehen hier ein. Das sind unsere Sachen.«

Blickwechsel.

»Die sind aber alt.« Das Mädchen.

»Ja und? Schon mal was von Shabby Chic gehört?«

»Nee.« Der Junge.

»Nu.« Das Mädchen.

»Habt ihr Haustiere?« Wieder stereo.

»Nein, haben wir nicht.«

»Das ist auch besser!«

Besser als was? Besser als Vögel in winzige Käfige zu sperren oder besser als mit Milchbrötchen unter der Schädeldecke rumzuspazieren? – will ich den zwei Bullerbüs am liebsten zurückgeben, aber dann lass ichs doch. Die zwei sind zu klein. Höchstens neun. Und vielleicht sind die ja auch wirklich behindert, was weiß ich. Wobei, das könnte ich fragen. Allerdings nicht vor Publikum. Denn das ist …

»Scheiße!«

Das war nicht ich! Das war das Mädchen. Sie zeigt Richtung Parkplatz. Doch ich sehe da nichts. Nicht sofort jedenfalls. Ich guck aber auch zu tief. Denn das Zeug segelt langsam vom Himmel. Ein paar Kinder rennen zwischen die parkenden Autos und versuchen es zu fangen.

Auf einmal brüllt ein Mann neben mir: »Hierher, Omar, aber so-fort!« Und Omar gehorcht. Omar ist ein Kind. Kein Hund. Artig flitzt er zu seinem Herrchen zurück. Stolz zeigt er ihm die Spielkarte, die er ergattert hat: Kreuzkönig.

Dann gibt es plötzlich einen heftigen Knall. Auf einem Autodach ist etwas Schweres gelandet. Danach Stille und dann

Tumult. Alle Kinder, die vorher auf den Parkplatz gelaufen sind, rennen kreischend zurück zum Aquarium. Nur einer bleibt die Ruhe selbst: der Totengräber. Ohne einen Blick nach oben zu werfen – und von da regnets jetzt heftig Unterhosen, Socken, Handtücher, Bettwäsche und DVDs – fischt er das Etwas vom Autodach und kommt damit in dem vertrauten Stechschritt auf uns zu. Vor den Bullerbü-Twins bleibt der Zombie stehen und legt ein Paar Turnschuhe ab. »Die gehören Frau Zieschank, Wohnung 0502.«

Die zwei Bullerbüs gucken sich an, das Mädchen zuckt mit den Schultern. »Sag ich doch, wieder ein Arschloch.« Der Junge seufzt und nickt. »Wir müssen Vivien Bescheid geben. Weiß jemand, wo die ist?«

Der Totengräber weiß es. »Vivien Zieschank ist beim Zirkus.«

»Okay, ich machs.« Das Bullerbü-Mädchen rennt los.

»Danke, Tobi!«, sagt der Junge, doch der Totengräber hat nur Augen für die Nikes. »Gefallen die dir?«, fragt der Junge. Der Totengräber nickt. »Dann darfst du die behalten.« Der Totengräber blickt auf. »Echt, Tobi, du kannst sie haben, die braucht Frau Zieschank garantiert nicht mehr.« Der Totengräber ist unsicher. Der Junge nicht. »Wirklich, Tobi, sie schenkt sie dir!«

»Frau Zieschank schenkt mir Turnschuhe?«

»Frau Zieschank schenkt dir Turnschuhe!«

Jetzt zieht der Totengräber eine Spielkarte aus der Tasche seines Anzugs und hält sie uns mit ausgestrecktem Arm und gesenktem Blick entgegen: Herzbube. »Die hab ich gestohlen.«

Der Junge seufzt. »Du hast nichts gestohlen, Tobi. Du hast den Müll aufgesammelt. Und das ist gut.«

»Das ist gut?«

»Das ist richtig gut!«

»Okay.« Der Totengräber rührt sich nicht vom Fleck.

»Was ist Tobi?«

»Da sind noch mehr Karten vom Himmel gefallen.«

»Und? Möchtest du die auch noch aufsammeln?«

»Das möchte ich.«

»Na, dann los. Da freut sich Boulette, dass er das nicht machen muss.« Doch Totengräber Tobi rührt sich nicht. »Was denn, Tobi, gibt es ein Problem?«

Der Totengräber schüttelt den Kopf. »Es gibt kein Problem. Tobi freut sich.«

Der Bullerbü-Junge nickt nachdenklich, dann huscht ihm was übers Gesicht. »Na klar, Tobi. Verstehe. Frau Zieschank mischt ihre Karten neu. Findest du das gut?«

Der Totengräber hebt den Blick, nickt.

Und ich nehme auf der Stelle das Milchbrötchenhirn zurück. Denn jetzt fällt dem Bullerbü-Twin noch was richtig Schlaues ein: »So ist das Leben, Tobi. Man weiß nie, was einem alles vor die Füße fällt. Also los: Neues Spiel, neues Glück!«

Im Paradies

Am Sonntag toasten wir zum Frühstück das Brot von Frau Lämmerhirte und knabbern es mit Margarine und Salz, denn die Muskelmänner haben vergessen, unseren Kühlschrankinhalt mitzuliefern, was erstaunlicherweise keine Wirkung auf Mamas Laune hat, die spitzenmäßig ist. Obwohl es bei uns aussieht wie bei Hempels ohne Sofa, verspürt sie keinen Drang aufzuräumen, was auch erstaunlich ist, ich aber nicht für eine Zombieeigenschaft halte, sondern eher als gesund werte. Gesund ist auch ein Spaziergang durchs Viertel, auf der Suche nach einem Späti. Doch es gibt keinen. Soweit ich kapiere, gibt es auch kein richtiges Viertel. Jedenfalls keins mit Restaurants, Kino, Theater oder Bücherei. Eigentlich besteht das ganze Viertel aus einer einzigen ellenlangen Straße, die unsere ist und passenderweise Endestraße heißt. Auf der Endestraße laufen wir stadtauswärts am Café Vergissmeinnicht, an einer Friedhofsgärtnerei, am Friedhof und der Kirche vorbei. Dann überqueren wir eine Kreuzung, an der ich morgen früh mit dem Fahrrad nach links abbiegen muss, um zur Schule zu kommen. Zum Glück kann ich Mama davon überzeugen, dass sie den Schulweg heute nicht mit mir ablaufen muss, weil ich ein Handy und Google Maps habe und der Weg wirklich easy ist, denn ich kann einfach den Straßenbahnschienen sieben Stationen folgen und bin da.

Wir laufen heute also geradeaus weiter. Vorbei an einem Gebrauchtwagenankauf, einem Trödel- und Pfandleihhaus, dem

Reisebüro »Sonnenstunden« und einem Bestattungshaus mit dem Namen »Auf Wiedersehen«.

Kurz muss ich an Oma Uschi denken, die letztes Jahr gestorben ist. Was irgendwie auch plötzlich kam, aber nicht so plötzlich wie bei Opa. Denn Oma war schon immer krank und sie hat das nie versteckt. Konnte sie auch gar nicht. Denn sie hatte eine Herzklappe aus Titan und die machte Geräusche. Gestorben ist Oma aber nicht wegen der Herzklappe, sondern weil sie müde war. Das hat sie uns jedenfalls erzählt, als wir das letzte Mal zu Kaffee und Käsekuchen bei ihr waren. Dass sie müde sei und keine Lust mehr habe. Außerdem hätte sie jetzt alle Käsekuchen der Stadt durch und keiner schmecke so gut wie der von Opa, den sie vermisse und ohne den alles scheiße sei.

Am nächsten Morgen war Oma tot. Friedlich eingeschlafen hat der Hausarzt gemeint und auf Herzversagen getippt. Und obwohl ich das genauso wenig wie Mama geglaubt habe, hat keine von uns Fragen gestellt.

»Mama, glaubst du an ein Leben nach dem Tod?«

»Was? Wie kommst du denn jetzt darauf?«

Ich zeige auf das Schaufenster, das mit Urnen dekoriert ist. Mama seufzt. Die meisten sind aber wirklich hässlich. Eine sieht aus wie ein Fußball, auch nicht hübsch, aber wenigstens mal was anderes.

»Oma hätte eine in Kuchenform kriegen müssen«, sage ich, aber Mama widerspricht: »Um Gottes Willen, Enna! Dann hätten die Trauergäste am Ende noch gedacht, dass sie gerne gebacken hat.«

»Ist doch egal, was die denken. Hauptsache es passt zu ihr.«

Mama überlegt. Und ich auch.

»Glaubst du an ein Wiedersehen nach dem Tod?«

»Ich denke nicht, Enna. Jedenfalls nicht im Himmel oder im Paradies. Ich glaube an ein Wiedersehen im Leben. Ich sehe meine Mutter oft vor mir, dann reden wir.«

»Und was erzählst du ihr da?«, will ich wissen.

»Hm.« Mama zögert. »Ich erzähle, was gerade so los ist bei mir. Was ich mir wünsche, dass ich mich alleine fühle. So Sachen halt.«

»Aber du bist nicht allein. Ich bin da. Scheiße, Pimmel!«

Mama lächelt. »Ich weiß, Enna, du bist da. Und trotzdem fühle ich mich manchmal allein und voller Sehnsucht.«

»Sehnsucht nach Papa?«

Oha, Glatteis. Mamas Stirn kriegt Falten.

»Nein, Enna. Weißt du, Papa und ich haben uns wirklich ganz weit auseinandergelebt. Ich kann dir gar nicht sagen, wann das angefangen hat. Aber das letzte Jahr konnte ich ihm gedanklich nicht mehr folgen. Falsch. Ich wollte ihm nicht mehr folgen. Ich wollte, dass er seine Gedanken für sich behält. Und als er gegangen ist, war das zwar überraschend. Aber ehrlich gesagt war ich auch ein bisschen froh. Oder erleichtert. Ist das schlimm für dich, wenn ich so was sage?«

Das ist es nicht, deshalb schüttele ich den Kopf.

Wir laufen die Endestraße weiter geradeaus. Nach dem Bestatter kommt ein Handyladen, eine Änderungsschneiderei und ein Friseur, alles Läden, die nicht besonders stylish aussehen, sondern mehr so runtergerockt. Dann folgen Schlag auf Schlag ein Supermarkt nach dem anderen, der Gelbe mit Hund, der Gelbe ohne Hund, der Rot-Blaue, der Orangene und der Blau-Weiße. Grün sucht Mama vergeblich. Bio-Bio fällt hier also aus. Dafür gibts einen Fünfzigcent-Shop, eine Boutique für die Frau von heute und ein Thai-Massagestudio ohne Erotikangebot, wie ein handgeschriebenes Schild mit drei Ausrufezeichen an der Tür verkündet. Gerade als wir kurz vorm Verdursten sind, sehen wir eine Tankstelle. Immerhin. Wir stürmen rein wie zwei Bankräuberinnen, decken uns mit Getränken, Keksen, Eis und Knabberzeug ein und fahren mit der Straßenbahn vier Haltestellen zurück, weil uns die Füße wehtun. Als wir vor dem Vergissmeinnicht aussteigen und rüber zu unserem Haus laufen, ist es schon Mittag und die Leute machen wahrscheinlich ein Schläfchen, jedenfalls ist hier nichts los, weder auf der Straße noch vor dem Haus oder dem Zirkuszelt. Ich zeige Mama den kleinen Spielplatz, der um diese Zeit im Schatten liegt, und wir picknicken im Sandkasten. Mama schafft gerade noch das Eis. Dabei bekommt sie schon den Hundeblick, den sie immer kriegt, wenn sie müde ist, dann rutschen ihr die Lider über die Augen.

Plötzlich höre ich ein leises Schnarchen aus Mamas Mund, und erst halte ich es für einen Scherz, weil ihre Lippen sich zu einem Lächeln verzogen haben. Aber dann bemerke ich, dass das Schnarchen regelmäßig kommt.

»Scheiße! Scheiße! *Toktoktok.*«

Nichts.

Na gut. Dann eben so. Ich schieb mir den Rest Schoki in den Mund und kuschele mich an Mamas Seite in den Sand, schließe meine Augen und versuche es auch. Aber mir kommen ständig Katzenbabys dazwischen. Ob ich Mama dazu überreden kann, dass sie mir eine Katze erlaubt? Eine Katze für eine glückliche

Kindheit im Ghetto, eine Katze, die bei mir bleibt, wenn Mama arbeiten geht, eine Katze, die sich an meinem Arm reibt und mir zärtlich übers Gesicht schleckt, wenn ich …

»Platz, Senta, Platz!«

Ich erschrecke. Nicht zu Tode, sondern mehr so zu Leben. Kurz weiß ich nicht, wo ich bin, ich sehe keinen Himmel, nur Fell. Das gehört zu Senta, die keine Katze ist, sondern ein ziemlich großer, stinkender Hund, der mir ernsthaft gerade ins Gesicht gesabbert hat.

»Pfui!«, ich wische mir den Glibber aus den Augen. Neben mir lacht Mama. Der Panda-Futzi lacht nicht.

»Sorry«, sagt der, »aber Senta tut nichts.«

»Nee, ist klar, die will nur spielen«, kontere ich, aber den Witz versteht der Hundeflüsterer nicht. Heute hat er nur diese Senta bei sich, die ist allerdings nicht angeleint und verkrümelt sich gerade.

»Seid ihr jetzt da?«

Ich bin zwar noch verpennt, aber daran kanns nicht liegen. »Wo da?«, raunze ich ihn an.

»In der 1404?«

»Das sind wir! Gestern eingezogen«, mischt sich Mama eine Spur zu freundlich ein. Sie sieht ausgeschlafen aus. Da erst fällt mir auf, dass ich auch weggenickt sein muss. Denn die Mittagssonne ist keine mehr und es tummeln sich inzwischen im und um den Sandkasten einige Kinder und Alte. Einer davon ist der Weißhaarige, der mir gestern die Tür zum Fahrradraum gezeigt hat. Er sitzt wieder auf derselben Bank, neben ihm eine Frau im Rollstuhl, auch weißhaarig, die jetzt die Senta streichelt. Der Hund legt den Kopf in den Schoß der Frau. Der Mann und die Frau tuscheln, dann erhebt sich der Mann und steuert auf mich, nein, auf den Panda zu.

»Danke, Firuz, für die Hunderunde, ich setz es auf die Liste. Habt ihr zwei«, jetzt zeigt er auf mich, »vielleicht Lust, in den Zirkus zu gehen? Meine Frau und ich haben Karten, aber wir schaffen es nicht. Sie fühlt sich heute nicht so gut.«

Ich schaue zu der Frau im Rollstuhl, die jetzt die Augen geschlossen hat. Ihre Hand liegt schlaff auf Sentas Kopf.

Firuz guckt erst mich, dann die Karten in der Hand des alten Mannes an, schließlich schüttelt er langsam den Kopf. »Also ich kann leider nicht, Herr Weißhaupt, ich hab heute noch zu tun.«

»Heißen Sie wirklich Weißhaupt? Scheiße! *Toktoktok.*«

Der alte Mann lacht und fährt sich mit krummen Fingern durch die Haare, die gegen die Sonne wie ein Heiligenschein leuchten. »Ja, wirklich. Inzwischen passts auch.«

»Wie heißt du überhaupt? – *Toktoktok*?«, will Firuz wissen.

»Ich bin Enna.« Das *Toktoktok* überhör ich einfach.

»Und ich bin Ennas Mutter, Stella. Stella Rich, wir sind neu hier, freut mich, Sie kennenzulernen.«

Herr Weißhaupt gibt Mama die Hand. Dabei fällt mir auf, dass er perlmuttfarbene Manschettenknöpfe an seinem hellblauen Hemd trägt, das obendrein noch tipptopp gebügelt aussieht. Und gut riecht er auch. Opas Rasierwasser.

»Mögen Sie Zirkus? Wenn Sie möchten, können Sie und Enna gerne unsere Karten haben. Die Vorstellung beginnt in zehn Minuten.«

Mama guckt unschlüssig zu mir.

»Geschenkt natürlich«, ergänzt Herr Weißhaupt. »Sehen Sie es als kleinen Willkommensgruß.«

»Das ist sehr freundlich von Ihnen. Aber eigentlich müssen wir oben noch richtig viel tun«, windet sich Mama, die nicht so der Zirkus-, sondern mehr so der Kirmes-Typ ist.

»Darf ich Ihnen einen Tipp geben, Frau Rich? Einen Tipp fürs gute Leben?«

Mamas Lächeln verschwindet sofort. Sie kann es nämlich überhaupt nicht leiden, wenn jemand unaufgefordert Ratschläge verteilt. Besonders nicht, wenn die von alten, weißen Männern kommen. Das jedenfalls hat sie letzte Woche am Telefon zu Cleo gesagt. Dass sie davon das Kotzen kriegt.

»Eigentlich nicht, nein. Vielen Dank, Herr Weißhaupt, aber ich möchte heute keine Tipps von Ihnen bekommen.«

Wow!

»Mir aber«, meldet sich der Panda plötzlich zu Wort. »Mir dürfen Sie einen Tipp geben, Herr Weißhaupt, oder auch zwei.«

Herr Weißhaupt lacht. »Ich weiß, Firuz, du kannst vom guten Leben nicht genug kriegen. Dann Folgendes: Leg dir für deinen ärgsten Feind eine Sparbüchse zu. Und jedes Mal, wenn du das Wort MUSS sagst, dann MUSST du ihm einen Euro reinstecken. Und zweitens: Streiche das Wort EIGENTLICH aus deinem Sprachgebrauch. Das wars.«

Der Panda denkt nach.

»Und was wird das, wenns fertig ist?« Irgendwie bin ich jetzt auch neugierig geworden.

»Nun ja, entweder du wirst arm und machst in deinem Leben ständig Kompromisse, die du EIGENTLICH gar nicht machen willst. Oder du erkennst deine Bedürfnisse und lernst sie klipp und klar zu äußern. Dafür solltest du aber erst mal rausfinden, was deine Bedürfnisse sind. Das geht, wenn du das Wort MUSS gegen ein anderes tauschst.«

»Beispiel?« Der Panda will es ganz genau wissen. Das gefällt mir.

»Zum Beispiel: Ich kann nicht in den Zirkus gehen. Ich muss eigentlich noch aufräumen. Zuerst das eigentlich weg: Ich kann nicht in den Zirkus gehen. Ich muss aufräumen. Jetzt überlegen: Gegen was tausche ich MUSS? Ich möchte gerne aufräumen? Ich freue mich schon aufs Aufräumen? Ich will unbedingt aufräumen? Und wenn du da weiterdenkst, schält sich dein Bedürfnis immer weiter heraus, bis die Erkenntnis glasklar vor dir liegt. Zum Beispiel: Ich kann nicht in den Zirkus gehen. Ich will viel lieber die Wohnung aufräumen, die Betten frisch beziehen und meiner Frau zum Einschlafen etwas vorlesen. So werden wir einen guten Start in die Woche haben.«

»Wenn das Leben so einfach wäre.« Mama schnaubt. »Ja, vielleicht muss ich nicht heute noch alle Kartons ausräumen, aber ich MUSS morgen arbeiten, egal was für Bedürfnisse ich sonst noch habe. Ich muss arbeiten, obwohl ich meinen Job nicht besonders mag. Ich muss arbeiten, obwohl ich meinen Chef wirklich ekelhaft finde. Ich muss nämlich arbeiten, damit wir die Miete zahlen können. Und das ohne eigentlich. Ich könnte natürlich auch heute im Zirkus die Kasse klauen und davon die Miete zahlen? Funktioniert nicht. Jedenfalls nicht, wenn man keine Diebin ist. Keine Diebin sein will.«

Inzwischen haben sich einige Zuhörer:innen um den Sandkasten versammelt. Die Erwachsenen tun zwar so, als ob sie ihre Kinder beaufsichtigen, aber in Wirklichkeit haben sie ihre Lauscher aufgestellt und der Sandkuchen interessiert sie nicht im Geringsten. Ein Vater hält sogar einen eingetrockneten Hundehaufen in der Hand und bemerkt das Geschenk seines Kindes nicht mal.

»Also: Ich gehe heute nicht in den Zirkus, weil ich noch Jobs habe, mit denen ich Geld verdienen kann«, sagt der Panda plötzlich.

»Und ich gehe nicht in den Zirkus, weil ich jetzt oben unbedingt Kartons ausräumen will, damit ich morgen aufgeräumt zur Arbeit gehen kann«, sagt Mama in versöhnlicherem Ton.

Herr Weißhaupt lächelt. »Und du, Enna? Was machst du?«

»Ich gehe in den Zirkus. Wenn Sie mir Ihre Karte schenken wollen?«

Und das will der alte, weißhaarige Mann.

Das Zirkuszelt ist gerammelt voll. Ich versuche ein bekanntes Gesicht zu entdecken, aber tatsächlich kommt mir hier außer den beiden Lamas, die am Eingang stehen, niemand bekannt vor. Der Sonntagsdresscode im Ghetto ist ein anderer als dort, wo wir vorher wohnten, so viel steht fest. Ich sehe massig kleine Mädchen aufgedonnert im Princess-Style: Glitzerkleidchen, Glitzersandalen und Glitzernagellack von Mama, die heute Skinny Jeans, Glitzertop und Glitzersneaker trägt, während Papa lässig in Jogginghose und Muskelshirt auftritt. Die Jungs in meinem Alter sind im Sportstyle hipper unterwegs und an Pufferjackenmädchen mit ihren Handtaschen kann ich mich nicht sattsehen, wobei keine so wunderschön ist wie diese Vivien, die ich leider nicht entdecke. Dafür Annika. Das ist eine Überraschung und kurz freu ich mich, doch ein bekanntes Gesicht zu sehen. Annika geht nämlich in meine Klasse, aber sonst haben wir nichts gemeinsam, denn Annika ist ein Pferdemädchen. Pferdemädchen sind die, die immer noch aussehen wie in der Grundschule, Socken, Sandalen, Leggins, T-Shirt mit *Topmodel*-Aufschrift und Pferdeschwanz. Pferdemädchen sind langweilig, aber nicht zwangsläufig blöd, was ich bei Annika allerdings nicht beurteilen kann, denn wir reden wirklich nie miteinander. Auch heute nicht. Ich winke zwar, doch sie erschrickt, als sich unsere Blicke treffen. Dann lotst sie die Mädchen und auch zwei Frauen, die bei ihr sind, in die entgegengesetzte Richtung, dabei ist es da schon richtig voll, während auf meiner Seite noch Plätze frei sind.

Okay, verstehe. Die Frage ist nur: Wer oder was genau ist Annika peinlich? Bin ich das? Wegen meiner Ticks oder wegen meines Styles, der keiner ist, nicht Pufferjackenmädchen, nicht Pferdemädchen, nicht Emo oder Streberin, bestenfalls Nerd, wobei es diese Bezeichnung bei uns nur für Jungs gibt. Ich dagegen bin allerhöchstens E.T. Manchmal jedenfalls werde ich in der Schule so genannt, E.T. nach dem Film »E.T. – Der Außerirdische«, den niemand von uns gesehen hat, weil der aus dem letzten Jahrhundert ist. Aber trotzdem wissen alle, dass E.T. ein Wesen von einem andren Stern ist, ein Wesen, das anders tickt als die anderen.

Oder ist es Annika peinlich, mit zwölf noch in den Kinderzirkus zu gehen und dem schlechtesten Clown der Welt zu applaudieren? Und ich schwöre, dieser Clown ist der schlechteste Clown der Welt. Nein, er ist wahrscheinlich gar kein Clown, sondern eine Aushilfe im Clownskostüm. Ich möchte gar nicht hingucken, so cringe ist der. Sein Witz besteht darin, wie Hans Guck-in-die-Luft Runden in der Manege zu drehen und den Leuten aus der ersten Reihe irgendwas vom Kopf oder aus der Hand zu klauen. Cap, Glitzerkrönchen, Brille, Popcorn. Die setzt er sich dann selber auf und dreht als grimassenschneidendes und gefräßiges Double weiter seine Runden. So weit, so schlecht. Doch als er einem Mädchen das Kopftuch klauen will, fängt der Clown sich plötzlich eine Ohrfeige. Obwohl das Mädchen höchstens acht und voll cute ist, hört man das Klatschen bis in die letzte Reihe. Die hatte Wumms! Der Clown ist kurz verblüfft, dann wirft er sich auf den Boden, reißt theatralisch die Arme hoch und heult in Schleife »Allahu akbar!«.

Ein paar Leute lachen.

Annika lacht.

»Pimmel!«

»Das Mädchen hat Pimmel gesagt.« Der Junge rechts neben mir starrt mich an.

»Pimmel!«

»Das darf man nicht sagen!«

Einatmen, ausatmen, inneres Lächeln … »Scheiße! Scheiße! *Toktoktok.*«

»Papa!«

Jetzt wird Papa wütend. Aber nicht gegen mich. »Omar! Jetzt! Guck! Den! Clown!«

Und Omar guckt. E.T., der Clown. Ich bin ein Clown. Denke ich. Und auch, dass ausgerechnet dieser Pimpf bei uns im Haus wohnt, denn die Stimme des Vaters habe ich gleich wiedererkannt. Ich fixiere Annika über den Kopf des Jungen und zähle 33 Mal bis 33, dann schleiche ich mich aus dem Zelt. Der Clown in der Manege ist noch nicht fertig mit seiner Nummer.

Mama auch nicht. Sie steht auf dem Balkon und raucht, als ich reinkomme.

»Mama! Seit wann rauchst du?«

»Oh, na ja«, Mama betrachtet ertappt die Zigarette. »Seit ich vierzehn bin.«

»Nicht wahr! Und warum weiß ich davon nichts?«

»Jeder Mensch hat doch Geheimnisse. Du etwa nicht, Enna?«

Ich überlege. Eins, zwei, drei. »Ich hab einen Zahlentick.«

»Wie bitte?«

»Ich zähle.«

»Wie zählen?«

»Na, zählen, eins, zwei drei.«

»Seit wann das denn?«

»Seit ich sechs bin.«

»Nicht wahr!«

»Doch.«

»Und warum weiß ich nichts davon?«

»Ich zähle in meinem Kopf, du kannst es nicht hören.«

»Und wieso machst du das? Ich meine, was ist der Sinn?«

»Wieso rauchst du? Was ist der Sinn?«

Mama starrt mich an. Die Asche ihrer Zigarette ist lang und biegt sich über dem Filter. Da sie nichts sagt, rede ich weiter.

»Ich zähle, wenn ich … wenn ich Anlauf nehme. Oder wenn ich eine Pause brauche.«

»Pause wovon?«

»Vom Denken. Wenn ich zähle, kann ich nicht denken. Wenn ich nicht denke, habe ich keine Ticks.«

Mama denkt. »Du zählst, damit du nicht tickst? Bis wohin zählst du dann?«

»Kommt drauf an. Bis drei. Oder drei mal drei. Oder 33 mal drei. Oder 333 mal drei.«

»Und was … was machst du, wenn du dich verzählst?«

»Dann fang ich von vorne an.«

Die Asche von Mamas Zigarette fällt auf den Balkon. »Weiß deine Therapeutin davon, Enna?«

»Jeder Mensch hat doch Geheimnisse.«

In dem Moment klingelts. Ich muss lachen. Wegen des Sounds. Der ist fett. Und klingt eindeutig nach großer Oper.

»Das ist oben«, sagt Mama grinsend und drückt ihre Kippe im Blumenkasten aus.

Vor unserer Tür steht Frau Lämmerhirte. Unten wieder pinke Puschen, oben Seidenkimono mit üppigstem Blumenprint. Außerdem trägt sie heute knallroten Lippenstift, wobei sich die Farbe in den Falten ihrer Oberlippe verlaufen hat, was zwar ein bisschen zombiemäßg aussieht, aber irgendwie auch cool. Frau Lämmerhirte zwitschert: »Päuschen!« und tänzelt ohne Aufforderung in unser Wohnzimmer. Sie schiebt den Werkzeugkasten und die Kakteen auf dem Tresen zur Seite, damit Platz ist für die zwei Piccolöchen ist, die sie aus ihrem Kimono zaubert. Mama rollt Hilfe suchend mit den Augen, ich zucke mit den Schultern. Und beginne zu zählen. Komme aber nicht weit.

»Frau Lämmerhirte, entschuldigen Sie, aber ich kann heute unmöglich mit Ihnen anstoßen. Ich hab noch nicht mal die Küche eingeräumt. Wir haben einfach viel zu viel …«

»Kein Proble-hem«, flötet Frau Lämmerhirte dazwischen. »Ich hab alles dabei, tadaaa!« Sie zieht ihren Zauberstab aus dem Kimono, der, wie sich rausstellt, keiner ist, sondern der Stil eines Sektglases, das man zusammenschrauben kann und das auch nicht aus Glas, sondern aus Plastik ist. Kaum ist sie fertig, zieht sie einen zweiten Zauberstab aus dem Ärmel. »Ich wusste, dass ich die noch irgendwo in der Kammer habe. Die wollte ich eigentlich der Irmi vorbeibringen, weil doch jetzt auch ihr gutes Kristall verschwunden ist. Ja, sag nichts, Stella, die Diebe natürlich. Wahrscheinlich dieselben, die Irmis Verstand und ihre gute Laune geklaut haben. Seitdem das Kristall verschwunden ist, trinkt die Irmi nämlich nicht mehr, keinen Schluck. Aber wir, wir trinken, auf gute Nachbarschaft, meine Liebe!«

»Nicht für mich. Wirklich nicht. Sonst kippe ich um. Enna und ich müssen dringend zuerst etwas essen. Was Richtiges, wenn Sie verstehen.«

»Ach herrje«, jetzt wird Frau Lämmerhirtes Blick aufrichtig mitleidig. »Damit kann ich leider nicht dienen. Wisst ihr, ich koche ja nicht selber. Das war nie meins. Das mit der Küche hat immer mein Mann gemacht – bis zum Schluss. Und seit er, na ja, seit er gegangen ist, lasse ich liefern. Heute gabs Königsberger Klopse. Schön mit Kapern. Besser hätte mein Mann die auch nicht hingekriegt.«

»Wo ist Ihr Mann denn hingegangen?«, frage ich, denn Mama traut sich nicht, das kann ich sehen. Für einen Augenblick ist Frau Lämmerhirte verwirrt. Auf ihrer Stirn zieht ein Runzelgewitter auf. Aber dann hellt sich ihr Gesicht plötzlich wieder auf.

»Na, wohin die Reise geht, weiß ich auch nicht. Erst mal in die Kiste. Kiste ist Pflicht. Oder Urne. Aber das wollte ich nicht. Ist zwar billiger. Und spart Platz. Aber nee, ich hab mir das mal angeguckt. Kann man drüben machen, aufm Friedhof, da gibts ein Krematorium. Und sonntags bieten die Führungen an. Interessant, kann ich empfehlen. Aber mir war das dann doch zu gruselig mit dem Verbrennen. Hat was von Fegefeuer. Und so schlecht war der Ludwig nun auch nicht. Dann lieber Kiste und Würmer. Was wollt ihr denn essen?«

Krasser Themenwechsel. Mama und ich gucken uns an. Mamas Mundwinkel zucken verdächtig. Also übernehme ich. Eins, zwei, drei. »Haben Sie vielleicht einen Tipp für uns? Beim Vietnamesen waren wir nämlich schon und was anderes haben wir nicht gesehen.«

Frau Lämmerhirtes Augen beginnen zu funkeln. »Einen Tipp? Den hab ich! Einen Geheimtipp sogar. Kommt mal mit!«

Wir folgen Frau Lämmerhirte, die ihr Sektglas schwenkend, mit wehendem Kimono aus unserer Wohnung über den langen Flur bis zum Fahrstuhl voranschreitet und weiter geradeaus durch die Glastür bis hinaus auf die Feuertreppe. *Notausstieg nur im Notfall benutzen* steht auf dem Schild über der Tür. Ich denke, wer hier freiwillig vierzehn Geschosse runterläuft, kann tatsächlich nur in großer Not sein. Mama muss laut atmen und sich am Geländer festhalten und auch mir wird kurz ein bisschen anders. Aber der Blick ist der Hammer! Die vierspurige Endestraße sieht aus wie ein Regenwurm und hinter dem Wurm leuchtet es ist hellgrün, blau, dunkelgrün, himmelblau. Frau Lämmerhirte lehnt sich gegen das Geländer, schraubt ihr Sektglas auseinander und zeigt dann mit dem Zauberstab in die Landschaft.

»Guckt hier, links verläuft die Flutrinne und rechts davon seht ihr die Kiesgrube, das Blaue, das ist das Wasser, ja? Und seht ihr ganz rechts am Ufer die kleinen rosa Punkte? Von hier sehen sie aus wie zarte Blüten. Aber in Wirklichkeit sind das die Sonnensegel der Strandbar. Da müsst ihr hin!«

»Und gibts dort auch was zu essen? Oder nur Kaltgetränke?«, fragt Mama lächelnd.

Frau Lämmerhirte leert entschlossen ihr Glas und antwortet dann verblüffend verträumt: »Dort gibts alles! Es ist das Paradies.«

Tatsächlich heißt die Strandbar genauso, wie uns ein handbemaltes Surfbrett über dem Tresen verrät. An dem gibt es leckere Kaltgetränke, aber auch leckere Snacks. Ich bestelle einen Melonen-Feta-Salat und trinke bereits im Stehen eisgekühlte Mangosaft-Schorle, während Mama noch vor den Aushängen schwitzt und ich die Frisur der Tresenfrau bewundere: sehr kurz und sehr blau.

»Hey, willkommen im Paradies, ich bin Maggie, womit kann ich dich glücklich machen?«, fragt sie lächelnd und bleibt so was von relaxed, obwohl die Schlange hinter Mama wächst und wächst, dass ich echt gerne wüsste, an was die Tresenfrau gerade denkt. Katzenbabys, Hundebabys, Menschenbabys, Robbenbabys vielleicht? Ich sehe Mamas unschlüssigen Blick über die Bilder von Salaten und Bowls huschen und mische mich ein: »Scheiße! Äh, sorry, also meine Mu… also … Stella, die braucht was … Richtiges. So was wie Königsberger Klopse. Haben Sie zufällig Königsberger Klopse?«

Die Frau lacht laut auf. Ihre Zähne funkeln weiß und zeigen eine sexy Zahnlücke. »Zufällig nicht. Aber richtig totes Tier haben wir. Nur Samstag und Sonntag und nur da hinten am Grill, wo ich das Elend nicht riechen muss. Also, Stella, auch du darfst dich bei uns glücklich essen. Allerdings am Katzentisch.«

Und das macht Mama. Mit jedem Bissen Bratwurst und jeder in Mayo gebadeten Pommes hebt sich ihre Stimmung, bis sie endlich da angekommen ist, wo wir seit einer halben Stunde bereits sind: im Paradies. Wir fläzen am Rand der Beachzone unter den blassroten Sonnensegeln auf Paletten-Möbeln bei Chill-out-Mucke und nuckeln an unseren Saftschorlen, während unsere Füße im Sand baden. »Guck mal, da ist unser Haus!«, sagt Mama und zeigt auf den rechten der drei weißen Türme, die sich wie Riesen in den Himmel recken. »Unglaublich, oder?«

Und tatsächlich kann ich nicht glauben, was ich gerade sehe. Nur eine Chill-out-Lounge weiter, genau unter Mamas ausgestrecktem Zeigefinger, sitzt Tobi Totengräber. Herausgeputzt wie für ein Promi-Begräbnis mit schwarzem Anzug und Fliege über dem weißen Hemd, die Haare gescheitelt und mit Gel in Form gebracht, sitzt er aufrecht und unbeweglich neben einer Frau, die ihm ganz offensichtlich die Schweißperlen auf die Stirn treibt. Was kein Wunder ist, denn diese Frau ist einfach mal eine Granate. Anders kann man das nicht sagen. Während sie redet und dabei wild gestikuliert, sprühen ihre grünen Augen Funken, tanzen ihr die blonden Locken über die nackten Schultern und das Klimpern ihrer Armreifen vermengt sich mit dem Klimpern der Eiswürfel in ihrem Cocktail, den sie durch die Gegend schwenkt wie Frau Lämmerhirte vorhin ihren Sekt.

Auch Mamas Augen bleiben jetzt bewundernd an der Frau hängen, was selten passiert, denn Mama beherrscht berufsbedingt den Profi-Scan für künstliche Schönheit und erkennt einen Fail, operiert oder gespritzt, auf fünfzig Meter Entfernung.

Doch an der Frau hier ist scheinbar alles echt. So echt, dass man Angst kriegen kann vor dem lauten Lachen, das jetzt vermischt mit Sprachfetzen in Wellen bis zu uns rüberschwappt. Ich höre »Loser, alles Loser« und »Muttersöhnchen« und »Ich will einen Kerl, ein Kind hab ich schon«.

Und dann kommt das Kind!

Mit derselben wehenden Mähne und genauso wild gestikulierend wie ihre Mutter rast Vivien, das Pufferjackenmädchen, zwischen Strandkörben und Hängematten auf den Nachbartisch zu, zischt Tobi Totengräber verächtlich »Verpiss dich, du Ficker!« ins Gesicht und baut sich breitbeinig vor der Granate auf. »Es reicht! Komm jetzt, Mama, wir gehen nach Hause!«

Aber Mama kommt nicht.

Vivien versucht, ihr das Glas aus der Hand zu schrauben, aber die will es nicht hergeben und drückt es wie ein Baby an ihre Brust, wobei ihr die sahnige Flüssigkeit ins Dekolleté schwappt.

»Komm schon, mein Schätzchen, sei kein Spielverderber!«, protestiert Frau Zieschank lachend und wischt sich mit den Fingern die Sahne von der Brust in den Mund. Aber Vivien lacht nicht zurück.

»Ich bin nicht dein Schätzchen und außerdem eine SpielverderberIN. Also komm jetzt, Mama!« Das Dekolleté ist inzwischen wieder sauber, doch Viviens Mutter ist trotzdem noch nicht bereit.

»Aber, Schätzchen, ich habe Me-Time. Und ein Date. Siehst du das nicht? Das hier ist der Tobi. Der Tobi will mit mir Fahrrad fahren. Sag guten Abend zu Tobi. Tobi, darf ich vorstellen: Das ist meine Tochter Vivien!«

»Tobias weiß, wer ich bin, Mama. Er wohnt in unserem Haus! In der 0404, wenn du es genau wissen willst.«

»In der 0404? Wirklich?« Viviens Mutter reißt die Augen auf und scheint ehrlich überrascht. Und plötzlich auch ein bisschen kraftlos. Jedenfalls lässt sie den Arm mit dem Cocktail auf die Tischplatte sinken und protestiert auch nicht, als ihre Tochter sich das Glas schnappt und den Inhalt mehr als genervt in den Sand kippt. »Aber der Tobi hat einen Job. Du hast doch einen Job, oder?«, fragt Frau Zieschank und urplötzlich klingt ihre Stimme verzweifelt und auch ein bisschen weinerlich. Der Totengräber nickt stumm und starrt dabei auf den nassen Fleck im Sand, der einmal ein Cocktail war. Dann schlürft er blitzschnell seinen eigenen leer. Das Geräusch, das er dabei mit dem Strohhalm macht, passt weder ins Paradies noch zu seinem piekfeinen Aufzug, sondern eher auf einen Kindergeburtstag. Und auf diesem Kindergeburtstag wird gerade das quengelige Kind abgeholt. Das nicht nach Hause gehen will. Und jetzt kurz vor einem Tobsuchtsanfall steht. Plötzlich wütend fährt Frau Zieschank ihr Date an. »Na los, Tobi, sag meiner Tochter, wo du arbeitest! Sie glaubt mir nicht. Meine eigene Tochter hält mich für eine Lügnerin. Ist das nicht traurig? Mein ganzes Leben war ich nur für sie da, alles hat sie von mir gekriegt, und das ist der Dank. Los jetzt, sag was, Tobi aus der 0404!«

Und Tobi sagt was. Nämlich, dass er jetzt nach Hause muss.

»Nach Hause? Musst du zu Mutti, oder was?«, heult Frau Zieschank auf und verzieht verächtlich den Mund, was sie dann doch noch hässlich aussehen lässt. Und das ändert sich auch nicht, als ihr der Totengräber kopfschüttelnd erklärt, dass er nicht zu Mutti, sondern zum Fernseher muss, weil da gleich seine Serie anfängt, die er nicht verpassen darf. Beim Nachäffen entgleiten Frau Zieschanks Gesichtszüge jetzt vollkommen. Der Zirkusclown war nichts dagegen.

»Dein Ernst, Tobi? Du verlässt mich für eine Fernsehserie? Oh ja, natürlich! Da darf man keine Folge verpassen, sonst ist man raus. Ein für alle Mal raus aus dem Spiel. Also los, hau ab. Ja, los, geh ruhig, geh jetzt!«

Und Tobi Totengräber geht. Wie immer im Stechschritt, was im Sand nicht wirklich lässig, sondern eher bemüht aussieht.

Vivien lässt sich erschöpft auf den frei gewordenen Platz fallen und Frau Zieschank ihren Kopf auf die Schulter ihrer Tochter. Dann fängt sie an zu heulen: »Er hat gesagt, er hat einen Job, Vivi, ich schwöre, er hats gesagt. Ich lass keinen Loser mehr rein, das hab ich dir versprochen und ich halt mich dran! Aber ich kann doch nichts dafür, wenn die Kerle keinen Arsch in der Hose haben und das Blaue vom Himmel lügen, woher sollte ich das wissen?«, schluchzt sie und ein Zittern schüttelt ihren Körper.

Vivien legt den Arm um ihre Mutter und wischt ihr mit der Cocktail-Serviette die Tränen ab. Dabei redet sie leise und beruhigend auf sie ein: »Schon gut, Mama. Tobias ist kein Lügner. Er hat dich nicht verarscht. Er hat wirklich einen Job.«

»Hat er?« Frau Zieschank unterbricht ihr Schluchzen und sieht ihre Tochter hoffnungsvoll an. Die lächelt mitleidig und auch ein bisschen gequält zurück.

»Er hat einen Job, Mama. Und eine Betreuerin. Glaub mir, Tobias ist nichts für dich. Er ist viel zu jung und außerdem braucht er selber ...«

Bevor wir erfahren, was Tobi Totengräber braucht, taucht plötzlich die Tresenfrau auf. Und sie baut sich genauso entschlossen vor Frau Zieschank auf wie zuvor Vivien. Ihre Stimme ist leiser, dabei aber genauso bestimmt. »Okay, Nelly, was soll der Scheiß?«

»Oh, hallo, Maggie Blue Hair, lange nicht gesehen, womit kann ich dich glücklich machen?«, antwortet Frau Zieschank und klimpert übertrieben mit den tropfnassen Wimpern.

»Das weißt du genau, Nelly. Also zieh Leine, sonst erteil ich dir Hausverbot. Ein für alle Mal!«

»Hausverbot, Maggie? Ich sehe hier gar kein Haus. Ich sehe nur ne olle Strandbar.«

»Und die gehört mir, also verschwinde, Nelly!«

»Komm, Mama, lass uns abhauen«, mischt sich jetzt das Pufferjackenmädchen ein. »Oder willst du der Bitch dein Geld in den Rachen werfen?«

Ich schiele blitzschnell zur Tresenfrau, aber die bleibt ungerührt, scheint also nichts Ungewöhnliches zu sein, von den Gästen als Bitch beleidigt zu werden.

Und auch die Schönheit bleibt cool. »Ich hab nichts bezahlt, Vivi, das hat alles der Junge gemacht.«

Die Tresenfrau schnaubt. »Welcher Junge, Nelly? Wen hast du diesmal vorgeschickt?«

Und das Pufferjackenmädchen schnaubt zurück: »Das geht dich gar nichts an! Und spiel bloß nicht die Moralpolizei! Meine Mutter kann daten, wen sie will!«

»Na, hoffentlich findet sie ohne ihr Date noch nach Hause, so hacke wie sie ist!«

»Pimmel!«

Mist.

Jetzt fliegen alle Köpfe zu uns rum.

»Oh, hi!«, Mama winkt der Tresenfrau zu und schneidet dabei eine Grinse-Grimasse. »Die Bratwurst hat wirklich vorzüglich geschmeckt. Auch wenn ich meiner Tochter recht geben muss. Die Form erinnert wirklich an einen, na, Sie wissen schon …«

Pimmel-Montag

Weil in der letzten Woche vor den Ferien eh nichts mehr im Unterricht läuft, außer Filme gucken, bin ich heute auch ohne Relaxing Queen gechillt unterwegs. Was man von Mama nicht gerade behaupten kann. Da sich ihr Arbeitsweg von hier aus verlängert hat, ist sie eine Stunde früher als sonst aufgestanden und grummelt auf der Suche nach ihren Schminksachen zwischen den Umzugskartons vor sich hin. Ich schnappe mir meine Kakteen, damit ich jemanden zum Reden hab und Mama gleich auf dem Tresen Platz für ihren Schminkspiegel hat, denn wie ich aus dem Bad hören kann, ist das Licht darin eine Katastrophe, ihr Gesicht eine elende Baustelle und ihr Leben ein Haufen Hundescheiße. Ich beschließe bis zum Abend zu warten, um Mama fairerweise mitzuteilen, dass die Wände in unserer neuen Wohnung wirklich dünn sind.

Als sie sich schließlich von mir verabschiedet, bin ich überrascht, wie blendend sie trotz ihres verkackten Lebens aussieht. Vielleicht sollte ich das mit der Kosmetik ja auch mal probieren? Eins, zwei, drei. Ich trage einen Hauch Lippenstift und etwas mehr von Mamas Lidschatten auf, bevor ich mich auf den Weg mache.

In der Dreizehn hält der Fahrstuhl mit einem hellen *Pling!*, weil jemand gedrückt hat. Als die Tür aufgeht, erschrecke ich genauso wie mein Gegenüber. Aber für die Nottreppe ist es zu spät. Jedenfalls für mich, denn an dem Typen komme ich unmöglich vorbei. Der Mann ist riesig. Ein Berg mit Rauschebart und Retro-Brille, dem die Tattoos an Armen und Hals aus dem T-Shirt wachsen, wie bei unserem Englischlehrer die Brusthaare. Ich gehe einen Schritt zurück, damit der Berg Platz hat. Die Fahrstuhltür schließt sich und wir fahren weiter abwärts. Ich spüre seinen Blick auf meinem Gesicht, während ich die roten Blinklichter der Etagen zähle, die wir hinter uns lassen.

»Hallo, kleine Frau«, sagt er plötzlich und seine Stimme klingt krass. Krasser, sanfter Bass. »Du bist neu, oder?« Ich nicke und starre weiter auf die Anzeige. Doch aus dem Augenwinkel sehe ich, wie sein ausgestreckter Arm langsam auf mich zusteuert. »Scheiße!« Ich weiche so weit zurück, dass ich den Fahrstuhlspiegel im Rücken spüre. Dann reiße ich den Kopf hoch und gucke dem Typ in die Augen. Eiskalter Blick. Den kann ich.

»So schlimm?« Der Typ scheint ehrlich verwundert. »Wir mögens hier ganz gerne.« Drei, zwei, eins, *Pling!*, Erdgeschoss. Die Tür öffnet sich hinter seinem Rücken und ich sehe das Sonnenlicht. Jedenfalls da, wo sein massiger Körper welches vorbeilässt. Denn der Typ dreht sich nicht um. Er bewegt sich rückwärts aus dem Fahrstuhl, den Blick weiter auf meinem Gesicht. »Seid ihr alleine hergekommen? Du und deine Mutter?«

Scheiße, woher weiß er das? Und, Scheiße, warum nicke ich schon wieder? Ich versuche an ihm vorbei ins Aquarium zu schielen. Hinter mir schließt sich die Tür und der Fahrstuhl rauscht wieder hoch.

»Sagt Bescheid, wenn ihr Hilfe braucht.«

»Hilfe?« Meine Stimme hört sich fremd an. Und viel zu leise.

»Die Wände sind aus Beton. Für die braucht man einen Bohrhammer. Ich hab einen.«

Das Aquarium ist sonnengeflutet. Durch die Glasscheiben kann ich die Welt sehen. Und die Welt sieht mich. Atmen. Katzenbabys. Atmen. Sind das die Weißhaupts dahinten auf der Bank? Kann das sein? Um diese Zeit?

»Ich muss jetzt los. Ich … WILL jetzt los!« Ich umrunde den Berg und gehe im Totengräber-Stechschritt zur Haustür.

»Hey, kleine Frau!«, sein Bass klingt jetzt sehr sanft. Trotzdem öffne ich erst die Tür ins Freie, bevor ich mich noch mal umdrehe.

»Was?«

Der Typ hebt wieder seinen Arm, zeigt auf mein Gesicht. »Und wenn ihr damit Hilfe braucht oder womit auch immer, ich wohn hier, okay? Ich bin Bernd. Bernd Konopka aus der 1303. Kannst du dir das merken?«

Alter, was stimmt nicht mit dem? Oder stimmt was mit mir nicht? Okay, ich bin behindert. Aber das weiß der doch nicht. Niemand weiß das. Niemand außer Mama. Und Papa. Und Cleo, die weiß es auch. Und meine Therapeutin. Und die Kinderärztin natürlich. Und die von der Tickambulanz. Und ein paar Zombies. Oma zum Beispiel, die darauf bestanden hat, dass Mama für mich den Behindertenausweis beantragt. Dabei bringt der mir gar nichts. Es gibt keine einzige Ermäßigung, die ich nicht sowieso schon kriege, weil ich Schülerin bin. Die gibts nämlich erst, wenn mich meine Behinderung behindert, am ganz normalen Leben teilzunehmen. Erst dann krieg ich einen Nachteilsausgleich. Oder eine Schulbegleiter:in. Oder eine Gehirnoperation. Aber bis dahin bin ich vollkommen normal. Und kann alleine auf mich aufpassen. »Bernd Konopka, 1303. Klar kann ich mir das merken. Ich bin ja nicht bescheuert. Pimmel!«

Dieses Mal finde ich den Fahrradraum ohne Probleme. Denn die Tür steht offen. Drinnen pumpt der Panda gerade ein Damenrad auf. Es ist grasgrün und auf dem Gepäckträger ist ein Weidenkörbchen installiert. Merkwürdigerweise ist es mir beim Einzug nicht aufgefallen, dabei ist es durchaus auffällig, sehr sogar. Das Modell ist oldschool, der Sattel trägt einen gehäkelten Überzug und um den Lenker sind Kunstblumen geflochten und das üppig.

»Hi.« Ich versuche, mich bemerkbar zu machen, denn Firuz ist vollkommen versunken in seine Arbeit. Als ich ihm auf den Rücken tippe, weil er mir mit seinem Rad den Weg versperrt, zuckt er supererschrocken zusammen.

»Alter! Spinnst du!?« Er zieht sich die Stecker aus den Ohren, die ich unter dem Seidenhaar nicht bemerkt habe.

»Sorry, aber ich muss mal durch.« Der Panda starrt mich an. Und rührt sich nicht von der Stelle. »Hallo? Machst du mal Platz? Ich muss zur Schule.«

Der Panda starrt weiter. Dann endlich rührt er sich. »Gabs Ärger gestern? Brauchst du Hilfe?«

Leute, was ist los hier? Ich denke, wir sind im Ghetto. Ist das hier üblich, den neuen Mitbewohnern permanent Zirkuskarten, Bohrhämmer und Nachbarschaftshilfe anzubieten? »Seh ich so aus?«

»Ehrlich gesagt … ja. Du hast ein krasses Veilchen.« Der Panda sieht mich mitleidig an.

»Was hab ich?«

Firuz geht zur Seite und zeigt auf seinen Lenker. Ein Fahrrad mit Seitenspiegeln, wie abgefahren ist das denn. Ich werfe einen Blick rein. Und dann versteh ich. Den Panda. Und auch Bohrhammer-Bernd.

»Scheiße!« Das mit dem Lidschatten war wohl keine gute Idee. Und das Licht in unserem Badezimmer ist wirklich eine Katastrophe. »Das ist nichts. Und jetzt lass mich mal durch. Ich komm sonst …« Plötzlich macht mein Herz einen Sprung. Oder es setzt aus. Genau krieg ich das in diesem Moment nicht auseinander. »Wo … wo ist mein Fahrrad?« Ich rempele den Panda zur Seite und laufe panisch einmal den Raum und den Fahrradständer auf und ab. Atmen, Katzenbabys, atmen. Nützt nichts. Mein Rad ist nicht da. »Es stand hier. Und es ist … weg!«

»Hast du es an den Ständer geschlossen?«

Denken, denken, denken. »Scheiße, nein. Ich glaub, ich hab es gar nicht abgeschlossen.«

»Das ist aber dumm.« Schon wieder dieser mitleidige Blick.

»Das von meiner Mutter hab ich auch nicht abgeschlossen und ihres wurde nicht geklaut.«

Firuz blickt sich prüfend um, er scheint nicht zu begreifen. Ich zeige auf die große Lücke zwischen zwei Rädern.

»Das Rad meiner Mutter stand genau hier. Neben meinem.«

»Und woher weißt du dann, dass es nicht auch geklaut wurde? Ich meine …« Firuz ist verwirrt.

»Na, weil sie damit zur Arbeit gefahren ist.«

»Sicher?«

»Sicher! Ihr Rad ist ihr Heiligtum. Wäre es geklaut worden, wüsste ich das. Alle hier wüssten das jetzt. Sie wäre heute morgen ausgeflippt.« Ich fange an zu schwitzen.

»Und warum hat sie dir dann nicht gesagt, dass dein Rad weg ist?«

»Sie hats bestimmt nicht bemerkt. Morgens ist nicht so ihre Zeit.«

»Aber warum sollte jemand dein Rad klauen und ihres stehen lassen?«

»Keine Ahnung, vielleicht wurde meins ja gerade eben erst geklaut. Meine Mutter ist schon vor ner Stunde los.«

»Oder sie hat deines ... woanders hingestellt?«

»Warum sollte sie das tun?«

»Keine Ahnung. Um dich zu erschrecken?«

»Quatsch, das wäre gemein.«

»Dein blaues Auge ist auch gemein.«

»Das ist nicht gemein. Das ist mein Style!«

»Ach so?« Firuz sieht mich skeptisch an. »Vielleicht will sie dir einen Denkzettel verpassen, weil du die Räder nicht abgeschlossen hast. Meine Mutter würde das bringen.«

»Meine Mutter kann morgens noch gar nicht denken.«

»Also ist anrufen und fragen auch keine Option?«

»Auf keinen Fall!«

»Und was willst du jetzt machen?«

»Zur Schule sprinten, schätze ich. Denn wenn ich mehr als ne halbe Stunde zu spät komme, rufen die meine Mutter an. Und dann: Gute Nacht.«

»Warte mal kurz, ich hab ne Idee!«, sagt der Panda und rennt aus dem Fahrradraum. Schnell wische ich mir den Lidschatten mit dem T-Shirt und den Tränen, die jetzt unbedingt rauswollen, vom Gesicht.

»Weinst du?«

Wie schnell ist der denn?

»Das musst du nicht. Du darfst das Rad von Frau Weißhaupt nehmen, nur abschließen musst du es. Unbedingt. Sonst bin ich meinen Job los!«

»Deinen Job?«

»Fahrradwartung Weißhaupt. Jeden Montag. Fünf Euro.«

»Ist Frau Weißhaupt nicht die mit dem Rollstuhl?«

»Ja, leider. Sie hatte vor zwei Jahren einen Schlaganfall. Aber im Kopf ist sie fit wie ein Turnschuh.«

»Und seitdem pumpst du jeden Montag ihr Rad auf?«

»Ich öle auch die Kette, entstaube die Blumen, putze die Spiegel und schieb es ihr raus zur Bank.«

»Wozu?«

»Na, damit sie es angucken kann.«

»Ich meine: Wozu machst du das? Wahrscheinlich wird sie nie wieder Fahrrad fahren können. Das ist … unlogisch. Und Abzocke.«

»Das ist keine Abzocke! Das ist Therapie. Sie sitzt auf der Bank und träumt vom Fahrradfahren. Ihr gehts gut. Mir gehts gut. Das nennt man eine Win-win-Situation. Und heute ist es sogar eine Win-win-win-Situation. Hier ist der Schlüssel, Schloss liegt im Körbchen. Wenn du an Frau Weißhaupt vorbeifährst, klingele mal, da freut sie sich.«

»Und du?«

»Ich räum noch mein Werkzeug auf. Das liegt übrigens da hinten im Schrank, falls du mal was brauchst, kannst du dir das nehmen. Also wenn du wieder ein Rad hast. Dann aber zurückstellen!«

»Musst du nicht zur Schule?«

»Ich hab frei.«

»Schwänzt du?«

»Spinnst du? Mein Vater würde mich umbringen! Meine Klasse ist auf Klassenfahrt in Heidewitz.«

»Und du bist nicht mit? Warum nicht?«

»Kennst du Heidewitz? Das ist hier ganz in der Nähe. Der Name ist Programm.«

»Es liegt in der Heide?«

»Es ist ein Witz!«

»Warum fahrt ihr dann nicht woanders hin?«

»Weils billig ist. Da können alle mit. Auch die, deren Eltern Geld vom Amt kassieren.«

Sofort muss ich an Boulette und seinen Fahrstuhlmonolog denken. Und an Mamas Telefonat mit Cleo, als sie geheult hat, dass mit unserem Umzug der soziale Abstieg beginnt. Was ich maßlos übertrieben fand. Jedenfalls bevor mein Fahrrad geklaut wurde.

»Wohnen hier viele Arbeitslose?«

Firuz denkt nach. »Also ich kenn keinen. Aber alle kenne ich natürlich auch nicht. Es gibt ne Menge Rentner wie Frau Weißhaupt, aber die war früher Bibliothekar.«

»Bibliothekarin höchstwahrscheinlich. Es sei denn, sie hatte eine Geschlechtsumwandlung.«

Der Panda hebt eine Augenbraue. »Die meisten haben sogar mehr als einen Job. Herr Palaske zum Beispiel hat drei. Aber er hat auch keine Frau. Er muss die Kohle also alleine ranschaffen. Deshalb reicht es bei denen auch nicht mal für Heidewitz. JJ ist auch hiergeblieben.«

»JJ?«

»Jack und Joy. Das sind Zwillinge.«

»Wie viele von denen laufen denn hier rum? Ich hab beim Einzug schon so Blondies getroffen, die wollten meinen Vogelkäfig abstauben und mir ein Haustierverbot erteilen.«

Der Panda grinst. »Das sind sie! JJ ist Tierflüsterer. Und die Wohnung der Palaskes ist die Rettungsstation des kompletten Viertels.«

»Wieso sagst du ›ist‹‘?«

»Ist?«

»Du sagst JJ IST Tierflüsterer. Das sind doch zwei. Und wieso gehen die in deine Klasse? Die sehen aus wie … na, klein jedenfalls.«

Firuz denkt nach. »Klein sind sie wirklich. Aber zusammen ergeben sie … was Großes. Und JJ kriegst du nur zusammen. Sie sind eins. Wie siamesische Zwillinge. Nur sind die nicht am Körper, sondern im Geist zusammengewachsen. Die machen Gedankenübertragung oder so. Manchmal quatschen sie sogar exakt dasselbe im selben Moment.«

»Ist ihre Mutter bei der Geburt gestorben?«

Firuz sieht mich vollkommen entgeistert an. »Was? Nein! Wieso sollte sie? Wir leben doch nicht im Mittelalter.«

War klar. »Sorry, aber Müttersterblichkeit bei der Geburt wird total unterschätzt. Weltweit kommen auf 100.000 Geburten etwa 400 tote Mütter.«

»Was?« Da staunt der Panda. »Aber … aber doch nicht bei uns! Ich meine, nicht in Deutschland oder Europa. Und woher weißt du das überhaupt? Ist deine Mutter Frauenarzt, ich meine, Frauenärztin?«

Lernfähig ist er. Das muss ich ihm lassen.

»Ist sie nicht. Und du hast recht. In Deutschland sind es jährlich nur etwa 35 Frauen, die bei der Geburt ihres Kindes sterben. Das sind dann vier auf 100.000 Geburten. Und ich weiß das, weil es mich interessiert.«

»Enna? Das ist … gruselig.«

»Find ich auch. Deshalb werde ich auch nie Kinder kriegen. Deshalb und wegen der Erderwärmung. Scheiße! Scheiße! Scheiße!« Das war zu viel. Der Panda ist überfordert. Ich weiß. Aber Katzenbabys wollen heute morgen einfach nicht klappen. Firuz schiebt Frau Weißhaupts Rad ins Freie. Dann vergräbt er seine Hände in den Hosentaschen.

»Und worüber denkst du sonst noch nach, wenn ich fragen darf?«

»Klar, darfst du. Wir leben schließlich in einer Demokratie. Da gilt die freie Meinungsäußerung.«

»Also? Worüber noch?«

»Über Zombies zum Beispiel. Ob es sie gibt und wenn ja, ob sie vielleicht Fahrräder klauen und die Weltherrschaft zumindest ökologisch vertretbar übernehmen werden.«

»Du verarschst mich, oder?«

»Aber nur ein bisschen.«

»Scheiße!«

»Das kannst du laut sagen!«

Eigentlich schaffe ich es noch genau pünktlich zum ersten Klingeln zur Schule. Frau Weißhaupts Rad ist zwar ein altes Modell, aber dank Firuz wirklich tipptopp in Schuss. Trotzdem komme ich zu spät ins Klassenzimmer, doch wenigstens bin ich nicht allein. Die Pferdemädchen umzingeln mich, wie sie zuvor das Rad von Frau Weißhaupt auf dem Schulhof umzingelt haben. War klar, dass denen das gefällt.

»Voll schön mit den Blumen«, findet Antonia und ihre Freundinnen stimmen ihr zu. »Ist das deins?«

»Nee. Bloß von der Nachbarin geliehen. Meines … hatte nen Platten. Pimmel!«

»Einen platten Pimmel?« Antonia kichert. Was das Zeichen für die anderen Pferdemädchen ist, dass sie mitkichern dürfen. Und das tun sie natürlich sofort. Alle bis auf Annika. Die guckt mich misstrauisch von der Seite an. Kurz denk ich, sie versteht mich und findets auch nicht lustig. Aber dann ist sie mir doch egal und ich nehme das Angebot der Pferdemädchen an. Schließlich sagt meine Therapeutin auch immer, ich soll nach vorne gucken und das Beste draus machen. Und das Beste an diesem beschissenen Morgen ist ein schlechter Witz. »Ja genau, der Pimmel hatte nen Hänger.«

»Warum bist du eigentlich immer so vulgär, Enna?«, zischt Annika plötzlich leise und ich zische genauso leise zurück: »Damit ich dir vor deinen Freundinnen peinlich bin und du dich im Zirkus nicht neben mich setzt.«

Annika reißt erschrocken die Augen auf. »Dann warst du das gestern wirklich?«

»Wer denn sonst?«

»Aber … was hast du da gemacht?«

Jetzt bin ich zur Abwechslung mal verwirrt. »Was macht man denn wohl im Zirkus? Zugucken?«

»Ja sicher, aber warum da? Wohnt ihr nicht auf der anderen Seite? Im Barockviertel?«

Wenn ich jetzt die Wahrheit sage, weiß es bis zum Mittagessen in der Mensa die halbe Schule. Oder zumindest der Reitstall. Also besser: Diese Hürde elegant überspringen.

»Und was hast DU dort im Zirkus gemacht? Wohnst du nicht …?« In dem Moment fällt mir auf, dass ich keine Ahnung habe, wo Annika wohnt. Und dass es mir eigentlich auch scheißegal ist. Also kürze ich ab. Und zwar im Galopp. Eleganz ist eh nicht so mein Ding.

»Meine Eltern haben sich getrennt. Wir sind umgezogen. Und ich wohne jetzt mit meiner Mutter auf der Endestraße, und zwar gleich neben dem Zirkus. Vierzehnter Stock, die Aussicht ist fantastisch.«

»Was?!« Annika scheint richtig entsetzt. Dann flüstert sie: »Du wohnst in der Neuen Heimat?«

»Wieso flüsterst du?«

»Na, weil, weil …«

»Und wieso Neue Heimat?«

»Na, so heißen die drei Türme, die Hochhäuser … glaub ich.«

»Ach so? Na, wenn das so ist, dann ist meine neue Heimat wohl in der Neuen Heimat. Wohnung 1404. Nur für den Fall, dass du mir einen Liebesbrief schicken möchtest.«

Okay, der war blöd. Bei Pferdemädchen macht man besser keine Scherze über die Liebe. Pferdemädchen warten auf ihren Märchenprinzen. Aber selbst die dürfen frühestens nach dem Abitur angeritten kommen. Alles andere hält sie vom Lernen ab und bringt sie durcheinander. Wie ich an Annika sehen kann. Die Arme windet sich vor Unbehagen.

»Aber … aber ihr habt doch in so einer riesigen Wohnung gewohnt. Da, wo immer die … die krassen Halloween-Partys gefeiert wurden, oder nicht? Das wart doch ihr. Wart ihr das nicht mit den Partys? Wo ein supergruseliger Opa Blutsuppe für die Kinder ausgeteilt hat? Und Blutkonserven für die Erwachsenen?« Annika kommt richtig ins Stottern.

Weil ich mich nicht genau erinnern kann, schätze ich, dass die Blutkonserven Bierdosen waren. Die Blutsuppe war auf jeden Fall Tomatensuppe. Und der total gruselige Opa war Ed. Zombie-Ed, um genau zu sein. Wer könnte den vergessen. Zu Halloween der reinste Albtraum! Wenn Edmund Stumpe zu viele von den Blutkonserven in sich hat reinfließen lassen, wurde er megapeinlich.

Jetzt bin allerdings bloß ich peinlich berührt, weil ich mich nicht daran erinnere, dass Annika auch mal auf einer von Mamas legendären Halloweenpartys war. Aber da kamen auch immer super viele Leute. Und die meisten von ihnen waren Zombies. Denn die Maske hat Mama immer schon am Nachmittag eröffnet. Und Schminken war für alle Kinder aus der Nachbarschaft kostenlos. Auf einmal fällt mir auf, dass Annika heute ebenfalls wie eine Leiche aussieht. Nur ist heute kein Halloween. Und Pferdemädchen schminken sich in der Schule nicht.

»Alles klar bei dir, Annika? Ist dir vielleicht schlecht? Du siehst ganz schön blass aus.«

»Ich kann einfach nicht glauben, dass du … dass du da wohnst.«

»Ich kanns ja selbst kaum glauben. Aber ja, scheiße, ich bin jetzt wohl ein Ghetto-Kid. Demnächst lass ich mich wahrscheinlich tätowieren. Und besorg mir sicherheitshalber ne Knarre.«

Annika schluckt. Dann würgt sie. So langsam mache ich mir Sorgen. Ernsthaft.

»Das war ein Scherz. Sicher, dass ich dich nicht aufs Klo begleiten soll?«

Aber da ist Annika schon weg. Und sie kommt auch nicht wieder.

Später fragt Frau Bierbaum, unsere Klassenlehrerin, ob jemand mitgekriegt hat, dass Annika sich heute früh noch vor der ersten Stunde abgemeldet hat und wer sie wegen der Aufgaben anrufen will. Aber ich halt meine Klappe. Wir haben früher nicht miteinander geredet. Dann müssen wir auch jetzt nicht damit anfangen.

New Kids und alte Schachteln on the Block

Mama telefoniert in ihrem Zimmer mit Cleopatra und führt sich dabei auf wie Oma Uschi, die auch immer dachte, sie müsse besonders deutlich sprechen, wenn das Telefonat nach außerhalb geht. Und auch wenn es unfair ist, halte ich die Information mit den dünnen Wänden noch ein bisschen zurück. Denn ich muss, nein, ich will unbedingt wissen, ob und wie ich nach den Ereignissen des Tages noch was retten kann. Gerade jetzt hört es sich nämlich nicht danach an. Mama ist auf 180.

»Doch, Cleo, doch! Es ist noch viel schlimmer, als du dir vorstellen kannst! Ich komm von der Arbeit und als Erstes treffe ich im Fahrstuhl diesen Hausmeister, der gerade eine völlig verängstigte Omi mit seinen Gruselstorys über kriminelle Ausländerbanden belästigt. Dann steig ich aus und werde von Frau Lämmerhirte schon auf dem Flur mit nem Fläschchen Sekt begrüßt … Ich glaub, die macht den ganzen Tag nichts anderes als Leute zu suchen, mit denen sie sich betrinken kann … Ja, die ist nett, zu nett, wenn du mich fragst ... Ich hab aber noch was anderes zu tun, als mich zu besaufen. Zum Beispiel mit meiner Tochter zur Polizei zu gehen und zu melden, dass ihr Fahrrad geklaut wurde … Ja! Aus dem abgeschlossenen Fahrradraum. Wir also zur Polizei. Nur leider hatte die zuständige Dienststelle schon zu … Fast zu, die Tür war zwar noch offen, aber der Computer schon runtergefahren. Jedenfalls sagt der Polizist doch wirklich, wir sollen morgen um vierzehn Uhr wiederkommen. Sag ich: Das geht nicht, da muss ich arbeiten. Sagt er: Dann schicken Sie Ihren Mann. Sag ich: Ich hab keinen Mann. Sagt der: Mein aufrichtiges Beileid. Sagt Enna, die die ganze Zeit danebensteht: Pimmel! … Ja genau, der ist neu … Seit dem Umzug … Nee, ich kann damit umgehen. Aber der Polizist nicht. Schreit der plötzlich Enna an: Was hast du gesagt? Und weil Enna nicht antwortet, sag ich: Sie hat Pimmel gesagt. Und bevor ich irgendwas erklären kann, rastet der Bulle total aus und brüllt rum, von wegen er hätte die Schnauze gestrichen voll, das sei Beamtenbeleidigung und dafür gibts jetzt ne Anzeige. Und ob du es glaubst oder nicht, Cleo: Der fährt echt den Computer wieder hoch. Doch, ich schwöre. Wirklich wahr! … Jetzt lach nicht, Cleo. Das ist nicht lustig. Das ist Ghetto. Und Ghetto ist zu viel für meine schwachen Nerven. Wir wohnen gerade mal drei Tage hier und haben schon mehr erlebt als in den letzten drei Jahren auf der anderen Seite.«

Ich höre Mama schnaufen und bin kurz davor, die Tür aufzureißen. Denn das ist wirklich dramatisch übertrieben. Und sogar gelogen. Denn die letzten drei Jahre auf der anderen Seite waren nämlich auch nicht gerade Sonnenschein und Konfettiregen. Ich jedenfalls erinnere mich noch sehr gut an eine wirklich miese Pandemie, einen anstrengenden Schulwechsel, Omas Tod, Mamas Tränen, Papas seltsamen Abgang. Dagegen waren die letzten drei Tage im Ghetto fast ein bisschen lustig, heiter, leicht. Findet anscheinend auch Cleo. Was Mama gleich wieder auf die Palme bringt. Denn die brüllt jetzt beinahe.

»Das findest du … gut?! Was soll das heißen, Cleo? … Alter! Wir sind hier aber nicht im Theater! Das ist Real-Life! Das passiert wirklich …«

Und *zack*, ist die Luft bei Mama raus. Ihre Stimme wird deutlich leiser als sie Cleo jetzt antwortet: »Nee, wir haben keine Anzeige gekriegt … Weil … weil wir abgehauen sind … Na ja, für die Anzeige wegen Ennas Fahrradklau wollte er unsere Personalien nicht aufnehmen. Wieso sollte ich sie ihm dann freiwillig für eine Anzeige gegen meine Tochter geben? Ich bin doch nicht besoffen … Leider nicht. Oder zum Glück? Jedenfalls haben wir uns verpisst … Doch. Wir sind gerannt wie die Antilopen.«

Es folgt ein Seufzen. Dann wird Mamas Stimme noch leiser: »Was aber richtig verkackt an der Sache ist: Das Rad passte auch nicht hierher, Cleo. Niemand hier fährt so was. Im Fahrradschuppen, also in diesem Raum, da stehen ein paar alte Klapperkisten und ein paar Supermarktschnäppchen. Unsere Räder … das ist, als wären wir mit einem Rolls-Royce vorgefahren. Aber noch beschissener ist: Enna wird jetzt auch so eins kriegen. Weil ich mir einen neuen Rolls-Royce nämlich gar nicht mehr leisten kann … Doch, ich komm klar, Cleo, irgendwie wirds schon gehen. Muss gehen. Aber ich will nicht, dass Enna darunter leidet, dass ihre Eltern es verkackt haben. Also, was soll ich machen? Soll ich den Rest der Kartons noch auspacken und Dübellöcher in die Wände bohren oder besser gleich wieder auf Wohnungssuche gehen? Ich meine, die Chancen stehen auf jeden Fall besser, solange mein polizeiliches Führungszeugnis noch in Ordnung ist … Nein, das war kein Witz.«

Jetzt wird es plötzlich still in Mamas Zimmer. Ich zähle bis drei und noch mal bis 33, aber nichts rührt sich. Ich versuche, einen Blick durchs Schlüsselloch zu werfen, um die Lage zu checken, obwohl ich Angst habe, dass sie genau in dem Moment die Tür öffnet. Aber das Einzige, was ich sehe, sind Umzugskartons, die sich an der gegenüberliegenden Wand stapeln. Doch dann gibt es einen fetten Rums gegen die Tür und damit auch gegen meinen Kopf und kurz wird mir schwarz vor Augen. Aber dann ist der Blick durchs Schlüsselloch wieder frei. Als Mama zu reden beginnt, kapier ich, dass sie mit dem Rücken genau an der Tür sitzen muss. Denn ihre Stimme ist glasklar zu hören, obwohl sie leise spricht: »Echt jetzt? … Ich … ich weiß nicht, was ich dazu sagen soll. Hab ich wirklich ›Bulle‹ gesagt? Und ›verpissen‹ und ›anscheißen‹? Oh mein Gott, Cleo, was passiert mit mir? … Nein, ich finde das nicht gut! … Ja okay, du hast recht, Gefühle müssen raus, aber doch nicht so! Ich muss ein Vorbild für Enna sein. Ich kann sie nicht ständig zutexten und mich dann plötzlich selbst aufführen wie eine Straßenkämpferin. Ich meine, was für eine Mutter haut mit ihrem Kind von der Wache ab? Ich bin schließlich keine sechzehn mehr … «

Cleo unterbricht, bevor Mama wieder monologisieren kann. Und dann gibt es plötzlich einen Stimmungswechsel bei Mama. Es hört sich nach einem Lachen an, das vielleicht nicht ganz freiwillig rauskommt, aber doch raus muss. »WAS haben wir? Moment! Nein! DU hast! Du standest auf New Kids on the Block, ich nie … Okay, bei Take That! bin ich mal kurz schwach geworden, aber nur weil ich damals schon Robbies Potenzial gesehen habe …

Doch das habe ich! Und ich hatte recht, oder? Aber sonst: Nein! Ich feiere hier nicht mit meiner Tochter das Revival meiner Jugend und den Ghetto-Style. Wobei? … Nein, das geht auch nicht. Oder geht das? Darf ich Enna Tic Tac Toe vorspielen? … Ja genau. Ich find dich auch scheiße. Scha-Scha-Scha-Scheiße. Ach, vielleicht spiel ichs Enna ja doch mal vor. Scheiße ist ihr Lieblingstick. Oder jedenfalls der, der sich am längsten hält, abgesehen von *Toktoktok*. Bin mal gespannt wie lang der Pimmel bei uns bleibt … Aber weißt du was, Cleo? Das ist das Gute am Ghetto. Hier fällt Enna mit ihren Ticks überhaupt nicht auf. Trotzdem glaub ich nicht, dass sie hier Freundinnen finden wird … Doch, ich wünsche es ihr ja, aber ich glaub es einfach nicht …«

Mamas Stimme klingt jetzt wieder normal. Normal leise, normal müde.

Ich schleiche ins Wohnzimmer und leg den Zettel, den ich vor über zwanzig Minuten geschrieben habe, auf den Tresen. *Bin noch kurz unten, neue Leute kennenlernen. Das fetzt hier voll!* steht drauf. Und ich hoffe wirklich sehr, dass Mama mir wenigstens das glaubt.

Im Fahrstuhl schrumpft mein Mut, neue Leute kennenzulernen mit jeder Etage. Als ich unten angekommen bin, weiß ich eigentlich gar nicht, was ich hier soll. Nur, dass ich mir das eigentlich eigentlich abgewöhnen will. Denn eigentlich finde ich, Herr Weißhaupt liegt nicht so falsch mit seiner Behauptung. Leider sitzt er gerade nicht auf der Bank, sodass wir darüber nicht weiterreden können. Also laufe ich allein drei Runden um das Haus und versuche dabei auf den Punkt zu kommen: Was will ich?

Ich will neue Leute kennenlernen.

Ich will neue Freund:innen finden.

Ich will überhaupt mal Freund:innen finden.

Ich werfe einen Blick zum Sportplatz rüber. Dort tummeln sich Kinder aller Altersklassen. Einige hängen schwatzend hinter den Toren ab, einige spielen Fußball, andere Basketball. Bälle knallen gegen das Gitter, jemand schreit: »Wallah, du Hurensohn, bist du behindert?«

Vielleicht will ich doch keine Leute kennenlernen.

Aber ich will nicht wieder mit Mama auf Wohnungssuche gehen. Aber zählt ICH WILL NICHT als ICH WILL?

»Scheiße! Scheiße! Scheiße!«

Ich will hierbleiben!

Ja. Das will ich.

Aber wie kann ich Mama davon überzeugen, dass die Neue Heimat eine gute Adresse für uns ist?

Ich darf nicht anfangen wie ein Ghetto-Kid zu sprechen.

Ich darf nicht lachen, wenn Mama wie eine Ghetto-Muddi spricht.

Ich muss mein Fahrrad zurückkriegen!

Inzwischen bin ich wieder beim Müllplatz angelangt. Da steht Frau Lämmerhirte und redet mit einer anderen Omi, die gerade … die Mülltonnen putzt? Echt jetzt? Und ausgerechnet die Biotonnen. Die sind im Sommer immer superekllig, manchmal zersetzt sich der Kompost durch die Hitze zu einer stinkenden Soße und es kriechen Maden raus, sobald man den Deckel öffnet. Obwohl das astreiner Zombie-Content ist, traue ich mich ein bisschen näher ran, denn die Frauen streiten jetzt und ich bin neugierig. Gerade ist Frau Lämmerhirte am Zug.

»Aber du zahlst dafür, meine Liebe, das ist die Aufgabe von der Flitzpiepe und nicht deine.«

»Das ist mir egal, Waltraud. Ich will hier putzen, also putze ich.«

»Du WILLST putzen? Du HASST putzen, Irmgard. Als Wilfried gestorben ist, hast du als Erstes eine Putzkraft eingestellt. Ich glaub, die Putze war eher da als Willis Beerdigung.«

»Sag nicht Putze! Das kann ich nicht leiden.« Nach einer kurzen Pause fügt sie hinzu: »Und Sonja habe ich entlassen!«

»Du hast was?«

»Keine Sorge, ich hab ihr einen neuen Job besorgt, bei ... einer Freundin.«

Irmgard klatscht mit dem Schwamm eine Ladung Schaum auf den Deckel der Biotonne und schrubbt.

»Du hast keine Freundinnen. Außer mir sind alle schon tot.«

»Bei Janet. Im Salon.«

»Du gehst noch zu Janet?«

»Natürlich, wo sollte ich denn sonst hingehen?«

»Ehrlich gesagt siehst du aus, als wärst du schon lange nicht mehr beim Friseur gewesen.«

Das ist ziemlich gemein, aber die Wahrheit. Irmis Haare sehen aus wie ein zerrupftes Vogelnest.

»Ich hatte zu tun.«

»Mit Putzen? Das kann ich nicht glauben.«

»Ich beobachte die Leute, die hier ein- und ausgehen. Ich muss mir einen Überblick verschaffen. Kommt man ja sonst gar nicht mehr mit.«

»Bist du krank, Irmi? Du bist krank, oder?«

»Was gehts dich an? Du hältst mich doch sowieso für verrückt. Eine verrückte alte Schachtel, die nicht mehr alle Tassen im Schrank hat. Und weißt du was, Waltraud? Du hast recht!«

»Ich hab recht?«

Irmgard hört auf zu schrubben und schaut unserer Nachbarin in die Augen. »Genau! Weil die Tassen jetzt nämlich auch weg sind.«

»Wie weg?«

»Ja, das hab ich mich auch gefragt. Wie geht das? Wie verschwinden all die Dinge aus meiner Wohnung? Und mir ist nur eine Antwort eingefallen. Und die heißt: Sonja!«

»Sonja? Aber … sie putzt schon zehn Jahre für dich. Und du warst immer zufrieden. Sie war deine Perle. Sie war dein Glück …«

»Nun ja, wahrscheinlich war ich blind vor Liebe. Soll vorkommen. Sie ist die Einzige, die einen Schlüssel für meine Wohnung hat. Damit sie putzen kann, wenn ich bei Janet bin.«

Das Putzwasser, das aus dem Schwamm tropft, bildet eine Pfütze, und langsam fließt ein dünnes Rinnsal auf Frau Lämmerhirtes Puschen zu. Doch die hat nur Augen für ihre Freundin. »Ich habe auch einen Schlüssel für deine Wohnung, Irmgard. Du hast mir Willis gegeben, nach seiner Beerdigung.«

»Ich weiß.«

»Ich könnte also auch in deine Wohnung gehen, wenn du bei Janet bist …«

»Ich weiß.«

Ich muss näher an die Tonne gehen, denn Frau Lämmerhirtes Stimme wird jetzt leise. »Was heißt das, Irmgard? Hast du darüber nachgedacht? Dass ich dich bestehlen könnte?«

Irmgards Stimme wird jetzt auch leise. »Nur kurz. Aber dich konnte ich ausschließen.«

»Warum konntest du mich ausschließen, Irmgard?«

»Du magst keine Zinnkrüge. Du findest sie hässlich. Und das sind sie. Aber sie sind auch eine Erinnerung an meinen Willi. Und die hättest du mir niemals geklaut.«

»Nein, meine Liebe, das hätte ich nicht.«

Ein bisschen heiser kommen diese Worte aus Frau Lämmerhirtes Mund. Dann dreht sie sich um und geht ins Haus. Sie bemerkt nicht, dass sich ihre Puschen mit dem braunen Wischwasser vollgesogen haben. Und mich bemerkt sie auch nicht. Dafür die Irmgard.

»Hallo, junges Frollein. Seid ihr die neuen Mieter?«

Bis gerade eben fand ich die Frau eigentlich ganz sympathisch. Oder besser: interessant. Jetzt triggert sie mich.

»Wir sind Frauen.«

»Wie bitte?«

»Frauen, keine Frolleins. Deshalb MieterINNEN. Und ja: Wir sind neu. Wir heißen Rich und wohnen in der 1404. Und wer sind Sie?«

Die Dame schaut mich entgeistert an. Ein paarmal öffnet sie den Mund und schnappt nach Luft, aber es dauert, bis endlich was rauskommt. Das dann aber mit Karacho: »Irmgard Schnauz, 0505. Ich wohne hier seit 1974. Und gerade räume ich euren Dreck weg. Das ist doch euer Dreck, nicht wahr?«

Sie zeigt mit dem Schwamm in den Durchgang hinter den Biotonnen und ich muss zu ihr gehen, damit ich sehen kann, was sich dort in einer Ecke türmt.

»Das gehört uns nicht. Wir haben keine Katze. Und wir …« Ich gehe noch näher an den Haufen ran, um ihn zu inspizieren. Neben einem Berg Katzenstreu und einer Plastikwanne, die schätzungsweise ein Katzenklo war, liegt ein alter Holzhocker, Tüten mit Altkleidern, Besteck und ein zerdepperter Fernseher. »Und wir gucken auch kein Fernsehen.«

»Aha.« Die Frau sieht mich abschätzig an. »Ihr guckt kein Fernsehen?« Dann verzieht sich ihr Mund spöttisch. »Und was macht ihr dann?«

Darauf hab ich gewartet. »Wir beobachten die Leute, die hier im Haus ein- und ausgehen. Wissen Sie, wir müssen uns einen Überblick verschaffen. Kommt man sonst ja gar nicht mehr mit.« Treffer versenkt. »Denken Sie, das ist Müll?«

Frau Schnauz guckt mich, nicht den Haufen an. Trotzdem nickt sie stumm.

»Dann wird sicher niemand was dagegen haben, wenn ich mir den hier mitnehme.«

Ich ziehe den Hocker aus dem Haufen, wobei ich unbeabsichtigt das Katzenstreu verteile. Ich rechne mit Protest, doch als ich mich umdrehe, sehe ich nur eine sehr müde Frau, die sich erschöpft an die Biotonne klammert.

Und irgendwie kriege ich plötzlich Mitleid. »Wir gucken kein Fernsehen, aber wir hören Radio. Wussten Sie, dass das der heißeste Juli seit Beginn der Wetteraufzeichnung ist? Der Juni übrigens auch schon. Und der August wird wohl nicht besser. Im Grunde ist der ganze Sommer viel zu heiß zum Putzen. Das liegt am Klimawandel, wenn Sie mich fragen.«

Langsam richtet Frau Schnauz sich auf und dabei entfährt ihr ein sehr langer, sehr tiefer Seufzer. Dann blickt sie sich zum Aquarium um und schlurft wortlos los. Auf halber Strecke lässt sie den Schwamm fallen, der unbeachtet zurückbleibt, genau wie ihr Putzeimer, der Dreck und die Pfütze zwischen den Mülltonnen.

Rich Girl

»Was machst du denn hier?« Firuz mustert mich, als hätte er mich bei was Verbotenem erwischt. Irgendwie überrascht und enttäuscht. Aber vielleicht sehe ich auf meinem Hocker auch einfach nur blöd aus.

»Ich sitze unter einer Trauerweide. Und du? Bist du hier zum Kaffeetrinken verabredet?« Ich zeige auf die Kaffeedose, die er in den Händen hält. *Im Nu original Typ Malzkaffee* steht drauf, *koffeinfrei und kalorienarm.*

»Bin auf Hunderunde«, murmelt er.

»Wo ist der Hund?«, frage ich.

»Schon abgeliefert.« Er wirkt irgendwie unschlüssig, aber dann kommt er doch näher und schließt den Blättervorhang hinter sich.

»Hast du eigentlich immer genug Kacktüten dabei?« Ich höre mich an wie der Polizist heute.

»Klar doch. Das gehört zum Service.«

»Du liebst Hunde, oder?«

»Nö, nicht besonders.«

»Die Hunde lieben dich?«

»Wir kommen klar.« Plötzlich lächelt er. »Sie lieben meine Leckerlis. Mit Bestechung kriegt man sie alle.«

»Machst du das jeden Tag?«

»In der Woche nur die Senta.«

»Das ist der Schlabberkopf von den Weißhaupts?«

Firuz nickt.

»Die sind komisch. Lassen das Fahrrad putzen, obwohl sie nicht fahren. Haben einen Hund, mit dem sie nicht Gassi gehen …«

»Sie sind nicht komisch«, unterbricht mich der Panda ärgerlich, »die sind supernett! So ist das eben, wenn einem das Leben dazwischenkommt. Ist dir noch nie was Unvorhergesehenes passiert? Etwas, das alles durcheinandergebracht hat? Ich meine, was ist denn bei euch los? Warum zieht ihr ausgerechnet hierher?«

»Scheiße! Scheiße! *Toktoktok*. Ich … ich mein, das …«

»Das geht mich nichts an, genau! Aber komisch bist du auch. Du sitzt hier wie … wie aufm Klo. Warum eigentlich? Versteckst du dich?«

»Ich beobachte die Tür vom Fahrradraum.«

»Weshalb?«

»Um meine neuen Mitbewohner:innen kennenzulernen?«

»Da gehst du besser rüber auf den Sportplatz. Da sind sie alle. Jeden Tag hängen die nach der Schule da ab. Manchmal auch schon vorher.«

»Du aber nicht.«

»Ich mag keinen Sport. Und abhängen auch nicht. Das ist Zeitverschwendung. Und außerdem trostlos.«

»Ich finde, es sieht eigentlich ganz spaßig aus. Jedenfalls von oben.«

»Ein paar sind okay. Aber ein paar echte Honks sind auch dabei. Ballern sich mit zwölf, dreizehn schon die Birne zu und randalieren dann oder …«

»Klauen Fahrräder?«

Firuz überlegt. »Du denkst, das war jemand von hier? Ein Kind? Das glaub ich nicht. In der Familie beklaut man sich nicht.«

»Ich gehör doch nicht zur Familie.«

»Wenn du hier wohnst schon. Dann gehörst du automatisch dazu, es sei denn du leistest dir einen ganz krassen Fehltritt.«

»Was wäre denn ein ganz krasser Fehltritt?«

»Na, zum Beispiel, wenn du die Mutter von einem der Checker beleidigst. Dann kannst du dich warm anziehen.« Firuz schielt durch den Blättervorhang nach draußen. Dann dreht er sich blitzschnell zu mir um. »Oder die von einer Checkerin. Das machst du besser auch nicht. Halt also einfach die Klappe. Verstanden?«

Plötzlich geht der Vorhang auf. Und da steht sie. Die Pufferjacke. Ich weiß nicht warum, aber ich springe von meinem Hocker auf.

»Hi«, sagt Vivien lässig. »Was treibt ihr denn hier?« Und dann mustert sie mich einmal von oben bis unten.

»Hi, Vivi«, sagt der Panda. »Wie gehts?«

»Könnte kaum beschissener sein«, antwortet sie lächelnd und lässt mich nicht aus dem Blick. »Du bist also das Rich Girl?« Sie spricht meinen Namen englisch aus und kaut dabei ultralässig auf ihrem Kaugummi rum.

»Das ist Enna. Sie ist neu. 1404.«

Jetzt dreht sich Vivien zu Firuz. »Ist Enna stumm? Oder warum redest du für das Rich Girl?«

»Ich bin nicht stumm. Und ich bin auch nicht reich«, mische ich mich ein. Denn langsam werde ich ärgerlich.

»Was bist du dann, Rich Girl?«

»Ich bin angepisst.«

Vivien zieht die linke Augenbraue hoch. Die rechte bleibt unbewegt. Leider sieht das ziemlich cool aus.

»Fotze!«

Oh nein. Was für ein Mist.

»Entschuldigung. Das war nicht persönlich gemeint.«

Firuz sieht mich entgeistert an.

Und Vivien?

Lacht. Sie lacht richtig laut auf, um dann blitzschnell ernst zu werden. »Okay, Entschuldigung angenommen, Rich Girl. Also, was geht bei euch?«

Erleichtert lasse ich mich wieder auf den Hocker sinken, während sich der Panda überschlägt, die Geschichte vom geklauten Fahrrad in allen Einzelheiten zu erzählen. Entweder will er von meinem krassen Fehltritt ablenken oder er ist verknallt in Vivien. Die hört gelangweilt zu, unterbricht ihn schließlich und wendet sich wieder an mich.

»Okay, ich hab verstanden: Dein Fahrrad ist weg. Was ist das Besondere an deinem Fahrrad? Kann es fliegen? Ist es aus Gold? Oder warum verschluckt sich der Türke beim Reden?«

Firuz sieht mich Hilfe suchend an.

»Das Rad war neu. Und meine Mutter ist sauer. Sie würde am liebsten gleich wieder ausziehen.«

Firuz stimmt erleichtert ein: »Und deshalb müssen wir den Dieb finden.«

Vivien sieht den Panda spöttisch an. »Bist du verknallt in das Rich Girl, Firuz?«

Der Panda wird rot. Also helfe ich noch einmal.

»Ist er nicht! Er ist bloß scharf auf unsere Campingausrüstung. Und die verschwindet, wenn wir verschwinden.«

Das Pufferjackenmädchen nickt. »Verstehe.« Und ich bin ehrlich erstaunt, dass sie es tut. So eine Campingausrüstung scheint hier was wert zu sein. »Und was genau wollt ihr jetzt machen?«

»Wir wollen gar nichts. Ich war nur auf Hunderunde.« So langsam hat sich der Panda wieder gefangen. »Und Enna will wissen …«

»Wer es auf mich abgesehen hat«, unterbreche ich ihn. »Warum wurde ausgerechnet mein Rad geklaut? Nur mein Rad.«

»Das von ihrer Mutter stand nämlich daneben. Es war auch unabgeschlossen.«

»Und ist noch viel teurer.«

Vivien grinst. »Also doch Rich Girl. Aber hey, die einfache Antwort ist: Der Dieb war alleine unterwegs. Mehr als ein Rad konnte er nicht fahren. Und damit fällt eine Gang schon mal aus.«

»Genau das denke ich auch! Und dann ist mir noch was eingefallen.« Ich stehe auf und zeige auf den Hocker. »Der hier, der gehört mir. Den habe ich letztes Jahr in Schweden auf dem Flohmarkt gekauft. Für meine Kakteen. Also normalerweise stehen meine Kakteen drauf.«

Firuz' Augen kriegen einen Glanz, doch Vivien bleibt ungerührt. »Ja, und?«

»Und gerade eben habe ich ihn im Müll gefunden. Jemand muss ihn bei unserem Einzug geklaut und später auf den Müll geworfen haben. Um ehrlich zu sein, ich hatte es noch nicht mal bemerkt. Ich hatte ihn nämlich noch gar nicht vermisst.«

»Na und? Jemand hat den Hocker geklaut, festgestellt, dass er doch nicht so geil ist, und ihn wieder weggeworfen.«

»Oder er hat ihn sich nur geliehen und dann zurückgestellt?«, versuche ich meine Überlegungen zu erklären. »Wäre doch auch eine Möglichkeit.«

Jetzt kommt Firuz in Fahrt. Ausleihen scheint sein Spezialgebiet zu sein. »Okay, Enna, und du denkst, jemand hat dein Rad nur geliehen, wie zuvor deinen Hocker, und stellt es vielleicht wieder zurück? Und jetzt wartest du hier auf den, den … Ausleiher?«

Vivien lacht laut auf. Dann tritt sie mit dem Fuß gegen den Hocker. »Alter, guck mal, wie hässlich das Teil ist! Das ist Schrott. Wer will sich so was ausleihen? Und wofür?«

»Das ist kein Schrott, das ist eine Antiquität«, werfe ich ein und denke dabei an den Vogelkäfig und die Bullerbü-Twins und hab auf einmal keine Lust mehr. Doch das Pufferjackenmädchen wird hellhörig.

»Echt jetzt, der Hocker ist was wert?«

Ich zucke müde mit den Schultern. »Für Liebhaber schon. Vielleicht. Aber die musst du natürlich erst mal finden.«

»Hier gibts einen Flohmarkt. Jeden ersten Sonntag im Monat auf der Pferderennbahn«, sagt Firuz.

Vivi nickt. »Also gestern. Vielleicht hat der Dieb versucht, das Ding dort zu verticken und ist es nicht losgeworden, also ab auf den Müll damit.«

»Aber das Rad ist er dort bestimmt losgeworden.« Firuz sieht mich mitleidig an.

Doch Vivien ist mit seiner Expertise nicht einverstanden. »Quatsch nicht, Türke. Räder vertickt man nicht auf dem Flohmi! Das ist viel zu gefährlich. Erstens haben die eine Nummer eingraviert und zweitens läuft da immer die Polizei rum. Das ist ne andere Sache als so ein Rich Girl-Holzwurmhocker.«

Irgendwie ärgert es mich, wie herablassend sie mit uns spricht. Also widerspreche ich ihrer Theorie: »An die Flohmarkt-

Nummer glaub ich nicht. Denn wie blöd kann man sein, den Hocker wieder hierher mitzubringen? Wer wäre denn so dumm?«

Vivien schiebt gelangweilt ein paar Zweige zur Seite und antwortet unaufgeregt: »Also da fallen mir auf Anhieb ein paar People ein. Der Ex von meiner Mutter zum Beispiel, der hat …« Plötzlich lässt sie die Zweige los und dreht sich zu mir um. Ihr Blick ist jetzt prüfend und streng. »Oder …«

»Oder was?« Firuz wird unruhig.

»Oder Rich Girl hat einen Stalker an der Backe?«

Ich brauch einen Moment, bis der bei mir ankommt. Eins, zwei, drei. »Scheiße, nein! Auf keinen Fall! Ich kenne hier doch niemanden.«

»Wirklich nicht?« Vivien sieht mich misstrauisch an. So als wüsste sie etwas. Ich denke scharf nach.

»Na gut, ich kenne den Hausi …«

»Du kennst Boulette?« Der Panda ist entsetzt. Zu Recht.

»Ja, aber der kennt mich nicht mehr«, beschwichtige ich. »Der hat früher mal in meinem Kindergarten gearbeitet, aber irgendwann … keine Ahnung, war er dann weg.«

»Bestimmt ist er rausgeflogen, weil er die Kinder rassistisch beleidigt hat.«

Vivien seufzt genervt. Aber Firuz wird jetzt richtig wütend. »Dieser Typ spielt hier den Sheriff und entscheidet, wer bleiben darf und wer nicht. Zum Kotzen, wenn du mich fragst.«

»Dich fragt aber keiner, Türke. Und weißt du, warum? Weil Frydetzki harmlos ist. Hunde, die bellen, beißen nicht. Wer so auf dicke Hose macht, hat in Wirklichkeit gar nichts zu sagen.«

»Ach ja? Und weil er nichts zu sagen hat, will er Enna und ihre Mutter vielleicht auf ne andere Art rausekeln. Indem er sie beklaut, und zwar so lange bis sie aufgeben und ausziehen.«

»Warum sollte er das tun? Ich denke, er kennt euch nicht?« Vivien schaut mich herausfordernd an. Ich nicke.

»Aber deine Mutter hat ihn rundgemacht, wetten?« Der Panda ist hartnäckig.

»Wie kommst du darauf?«

»Ich hab genau gesehen, wie sie gekocht hat, als er mich beleidigt hat.«

»Die Zwerg hat dich beleidigt?« Jetzt wird Vivi wieder wach.

»Der Zwerg beleidigt mich immer! Er beleidigt jeden, der nicht aussieht wie ein Germane.«

»Also mich hat er noch nie beleidigt.«

»Guck mal in den Spiegel, dann weißt du, warum.« Ausnahmsweise ist Vivi verwirrt. Und der Panda setzt noch einen drauf. »Außerdem ist er nett zu dir, weil er auf deine Mutter steht!«

»Hast du sie noch alle?« Jetzt ist Vivien verwirrt *und* entsetzt.

»Bist du blind? Natürlich ist er scharf auf sie. Alle sind scharf auf deine Mutter. Sogar meine Mutter ist scharf auf deine Mutter. Deine Mutter ist eine … eine echt schöne Frau. Und wahrscheinlich hat sie mehr Stalker am Arsch als der Koran Suren.«

»Okay, Leute«, mische ich mich ein, denn so langsam krieg ich Angst, dass mir das Ding hier um die Ohren fliegt. »Ich kann leider nicht den ganzen Abend mit euch quatschen, auch wenn das wirklich interessant ist. Also falls ihr noch Ideen habt, wer es auf mich oder mein Rad abgesehen haben könnte, meldet euch gerne. Ich wohne in der 1404 …«

Vivien unterbricht mich. Während sie redet, starrt sie nachdenklich auf den Hocker. »Der Stalker muss ja auch nicht von hier kommen. Schon mal dran gedacht, dass dich auch jemand aus deinem alten Leben bis hierhin verfolgen kann?«

Eins, zwei, drei, atmen. Und nicht die Streberin raushängen lassen. »Wir sind nicht *hierhergeflohen* oder so. Wir sind einfach nur … umgezogen.«

Vivien hebt den Blick wieder. Sie guckt mich spöttisch an. »Ach ja? Und warum seid ihr denn umgezogen? Ich hab gehört, ihr hattet ne fette Bude im Barockviertel. Megafett. Mit allem Drum und Dran.«

»Von wem hast du das gehört?«

Vivien zuckt mit den Schultern. »Ghetto-Gossip. Also: Warum seid ihr umgezogen?«

»Was geht dich das an?«

»Wenn du uns nicht die Wahrheit sagst, können wir dir nicht weiterhelfen. Wir brauchen alle Informationen, die wir kriegen können.« Jetzt hört Vivien sich an wie die Polizei.

»Weil … weil es hier geiler ist?«, stottere ich.

Die Polizistin sieht mich streng an. »Die Wahrheit!«

Einatmen, ausatmen. Eins, zwei, drei.

»Meine Eltern haben sich getrennt. Und jetzt ist bei meiner Mutter das Geld knapp.«

»Okay.« Vivi nickt. Und ich atme auf. Zu früh. Vivien zeigt auf mein Gesicht. »Und von wem ist das Veilchen?«

Ich betaste die Stelle unter dem Auge, die tatsächlich ein bisschen schmerzt, seitdem sich Mama vorhin gegen die Tür hat fallen lassen.

»Das ist kein Veilchen. Das ist Ennas Style!«, kommt mir der Panda zu Hilfe.

»Logo.« Vivien dreht sich genervt um und schiebt den Blättervorhang auseinander.

»Ich hab mich gestoßen, das ist nichts!«

»Das sagen sie alle.«

»Aber das ist die Wahrheit! Ich lüge nicht!«

Vivien lässt die Hand sinken und der Vorhang schließt sich wieder. »Okay«, sagt sie im Umdrehen. Sie geht einen Schritt auf mich zu und streichelt mir plötzlich sanft über den geschwollenen Wangenknochen. »Wart ihr schon bei der Polizei?«

Mir wird schwindelig.

Eins, zwei, drei, Katzenbabys, Katzenbabys, Katzenbabys.

»Bei der Polizei?«, wiederhole ich in Slow Motion. »Wieso das denn?«

Vivi tritt zurück und lacht. »Na, wegen deinem Fahrrad, du Nase.«

»Öh … nein.«

Vivi drückt Firuz meinen Hocker in die Hand und hakt sich entschlossen bei mir unter. »Dann holen wir das jetzt nach!«

»Was? Nein! Ich meine, die Wache, die Wache … hat schon geschlossen. Scheiße! Scheiße! Scheiße! *Toktoktok.*«

Vivien grinst. Dann spuckt sie entschlossen ihr Kaugummi aus. »Wer geht schon auf die Wache, wenn die Polizei im Haus wohnt?«

»Wie bitte!?« Hilfe, ich muss sterben.

»Willkommen im Ghetto, Rich Girl!«

Deal

Im Aquarium ist jetzt richtig Verkehr. Menschen mit Einkaufstüten leeren ihre Briefkästen, unterhalten sich zwischen Rollatoren und Kinderwägen und Hunde sagen sich Guten Abend. Vivien drängelt sich rechts und links grüßend durch die Menge, Firuz verteilt, mit meinem Hocker in der einen und der *Im Nu*-Kaffeedose in der anderen Hand, umständlich Streicheleinheiten an seine vierbeinige Kundschaft und ich folge den beiden mit Herzklopfen zum Fahrstuhl, der gerade auf dem Weg nach unten ist, wie das rote Licht blinkend anzeigt.

Als die Tür aufgeht, habe ich ein Déjà-vu, das mich erstarren lässt. Drinnen steht der Berg. Bohrhammer Bernd aus der 1303, wie ich inzwischen weiß.

»Hi, Lenny«, höre ich Vivien sagen, und erst da sehe ich, dass noch jemand im Fahrstuhl steht. Der Berg hält einen Jungen an der Hand, der vielleicht vier oder fünf Jahre alt und eine Miniaturausgabe seines Vaters ist, nur ohne Bart.

»Kommt rein«, sagt der große Berg zu uns. »Wir müssen noch mal hoch.«

Wir drängeln uns rein. Firuz lässt sich auf den Hocker fallen. Vivien drückt die Zwölf und die Dreizehn und die Tür-sofort-schließen-Taste, dann wendet sie sich an Lenny.

»Na, hast du Papa-Woche, Lenny?«

Der Kleine nickt schüchtern.

»Und was macht ihr?«

Lenny sieht seinen Vater an. Der grinst verschwörerisch und antwortet für seinen Sohn: »Wir üben Fahrrad fahren. Aber nicht verraten. Das wird ne Überraschung für die Mama.«

»Und wo übt ihr das?«, will Firuz wissen.

»Na, aufm Sportplatz. Da tuts nicht so weh, wenn er mal umkippt. Liegt ja Kunstrasen, der ist wie Teppich.«

»Die Großen fahren da auch«, sagt Lenny stolz und zeigt uns die Schürfwunde an seinem Bein.

»Aber erst, wenn es dunkel ist, und da liegst du schon im Bett!«

»Und wo ist dein Fahrrad?«, hakt Vivien bei Lenny nach.

»Oben. Das hat Papa oben vergessen. Papa vergisst alles. Der ist schon alt.«

Der Berg verdreht lachend die Augen. »Danke, Sohn.«

»Warum stellt ihr das Rad nicht unten in den Fahrradraum?«

»Da werden wohl Räder geklaut, hab ich gehört«, erklärt Bernd und mir fährt der Schreck in die Glieder. Bevor ich meine Gedanken sortiert habe, fährt Firuz mit seinem Verhör fort.

»Von wem?«

»Von Frau Schnauz. Das ist die Alte aus der …«

»0505«, entfährt es mir.

»Ich sehe, du guckst dich hier aber schnell um«, sagt der Berg anerkennend. »Und Freunde hast du auch schon gefunden. Nicht die Schlechtesten, wenn du mich fragst.«

»Und ich frage, wessen Rad geklaut wurde, nicht, wer das weitergetratscht hat.« Der Panda gibt einen astreinen Polizisten ab, das muss ich ihm lassen.

Der Berg ist irritiert. »Na, das Rad von Frau Schnauz wurde geklaut. Dachte ich. Ich bin mir nicht sicher, aber ich glaube, die Walli hat mir das erzählt.« Jetzt wendet er sich direkt an mich. »Walli ist Waltraud Lämmerhirte und …«

»Unsere Nachbarin«, beende ich den Satz.

Der Berg lacht wieder. »Okay, war klar, dass ihr diese Bekanntschaft schon gemacht habt.«

Pling! Der Fahrstuhl hält in der Zwölf. Vivien drängelt sich mit einem »Tschüss, Lenny, tschüss, Bernd« an mir vorbei, Firuz will ihr folgen, doch der Berg stellt seinen Fuß vor ihm in die Tür und zeigt auf den Hocker in Firuz' Hand.

»Braucht ihr den gerade? Sonst würde ich ihn mir noch mal fürn Sportplatz ausleihen. Alter Mann, ihr wisst schon.«

Vivien macht auf dem Absatz kehrt. »Sag nicht, du hattest den Hocker mitgenommen?«

Bernd ist überrascht. Dann nickt er.

»Doch. Der stand Samstagnacht mutterseelenallein im Aquarium.«

»Der Hocker gehört Enna!«

»Oha, das wusste ich nicht. Ich hab ihn mir bloß ausgeliehen. Und zurückgestellt!«

»An die Mülltonnen, oder was?«, fragt Firuz.

Der Berg runzelt nachdenklich die Stirn und schüttelt dann langsam den Kopf. »Nein, eigentlich ins Aquarium.«

»Eigentlich ins Aquarium oder ins Aquarium?« Firuz lässt nicht locker. Und klebt genau wie ich am eigentlich fest. Das ist tröstlich. Und für den Berg offensichtlich verwirrend.

»Tut das was zur Sache?«

»Allerdings. Enna hat den Hocker aus der Müllecke gefischt. Er ist aber kein Müll.«

»Ins Aquarium!«, ist sich der Berg jetzt plötzlich sicher.

»Aber ihr wisst ja, wie das ist. Wenn da was steht und der Frydetzki kriegt es mit, wirds beräumt.«

»Am Sonntag? Ohne Abmahnung?«, traue ich mich zu fragen. Jetzt sehen alle zu mir und ich bereue es sofort. Eins, zwei, drei, inneres Lächeln, Katzenbabys, Katzenbabys, Katzenbabys.

Der Berg grinst spöttisch. »Hat er das gesagt? Dass es eine Abmahnung gibt?«

Ich nicke. »Schriftlich.«

»Was für eine Flachzange. Sorry, mein Sohn, das haste jetzt nicht gehört. Aber lesen würde ich so eine Abmahnung gerne mal. Ist ja nicht gerade die hellste Kerze auf der Torte, unser Hausmeister.«

Jetzt mischt Vivien sich ein. »Ist doch egal, Mann. Der Hocker ist wieder da. Aber wozu? – Wozu hast du ihn dir ausgeliehen?«

»Zum Sitzen? Der ist schön stabil.« Der Berg lacht.

Vivien lächelt zurück. Und schickt gleich noch einen Augenaufschlag hinterher. »Und wo sitzt du Samstagnachts so rum, wenn ich fragen darf?«

»Du darfst und ich verrate es dir. Ich war an der Kiesi.«

»Was machst du nachts an der Kiesi? Warst du nackt schwimmen oder hattest du ein Date?«

Die traut sich was! Und ich? Atme, atme, atme.

Bernd lacht wieder. »Jetzt wirds aber intim. Leider weder noch. Ich war nur angeln. Aber das erfolgreich. Also wenn ...«, der Berg wendet sich plötzlich zu mir, »ich mich mit Naturalien erkenntlich zeigen darf, sehr gerne. Ich hätte Zander und Forelle im Angebot. Und der Hocker kommt selbstverständlich zurück. Ich weiß ja jetzt, wo er hingehört.«

Firuz sieht mich fragend an, doch ich bin gerade total überfordert. Ich will keinen Fisch. Trotzdem nicke ich.

Firuz stellt meinen Hocker zurück in den Fahrstuhl und heftet sich beim Aussteigen an Viviens Fersen.

»Und nicht vergessen, Bernd: Wiedersehen macht Freude!«, trällert die und marschiert los.

»Grüß mir deine Mutter, Vivien!«, ruft ihr der Berg hinterher und zieht seinen Fuß aus der Lichtschranke.

Hinter mir schließt sich die Fahrstuhltür. Und ich renne los.

»Was sollte das denn?« Ich versuche Vivi einzuholen. »Ist der auch verknallt in deine Mutter?«

Das Pufferjackenmädchen bleibt abrupt stehen. ›Mist‹, denk ich, ›schon wieder ein Fehler.‹ Aber als sie sich zu mir umdreht, sieht Vivi nicht ärgerlich aus.

»Nee«, antwortet sie lässig. »Der Bernd ist in Ordnung. Der hat Mama mal geholfen, als sie Ärger mit nem Typen hatte. Das war super, der Idiot ist nie wieder bei uns aufgekreuzt. Und das will was heißen.«

Dann drückt Vivien die Klingel.

1202 Palaske steht auf der Tür.

›Palaske‹, denk ich, ›so heißt er also, der Polizist.‹ Und ja, das kommt mir irgendwie bekannt vor. Dann beginne ich zu zählen.

Es dauert ewig, bis die Tür einen Spaltbreit aufgeht. Überraschenderweise steckt einer der Bullerbü-Twins seine Nase raus. »Was gibts denn?«

»Ich bins, JJ«, antwortet Vivien. »Ich will zu deinem Vater. Ist der da?«

Die Tür schließt sich mit einem Rums. Wir hören: »Alles in Ordnung, Joy« und Kettengerassel hinter der Tür, die sich dann mit einem Ruck öffnet. Das Erste, was mir in die Nase sticht, ist der Gestank. Halleluja!

»Macht schnell!«, sagt der Zwiling, der Jack sein muss, und zieht Vivi am Ärmel ihrer Pufferjacke in die Wohnung. Ich halte die Luft an und folge ihr mit Firuz, der die Tür hinter uns schließt. »Kommt in die Stube«, drängelt Jack, »da ist die Luft rein.« Und recht hat er. Im Wohnzimmer steht die Balkontür offen.

»Scheiße! Scheiße! Scheiße!«, rutscht es mir raus. Hier siehts aus wie in einer Messi-Wohnung.

»Aber echt, JJ, das ist die Hölle! Hast du einen Puma in Pflege?«, will Vivi wissen und lässt sich auf die ausgezogene Schlafcouch fallen. Auf eine ausgezogene Schlafcouch. Denn davon stehen hier drei. Das Zimmer, das bei uns trotz Umzugskartons luftig wirkt, ist hier einfach mal bis auf den Millimeter mit Zeugs zugestellt.

»Was ihr riecht ist keine Kacke, sondern Pipi. Rattenpipi. Rattenkacke stinkt nicht.« Das war Joy, die auf wundersame Weise zwischen den Bergen von Dingen aufgetaucht ist und sich jetzt neben ihren Bruder an den Esstisch quetscht. Im Arm hält sie das Kaninchen, mit dem ich die Twins neulich im Fahrstuhl gesehen habe. Das Schlappohr hat jetzt einen Fuß – in Gips? Und mümmelt ansonsten sehr vergnügt an einer Möhre.

Firuz sieht sich besorgt um.

Aber Jack winkt ab. »Die Ratten sind drüben im Kinderzimmer, keine Sorge. Die tun nichts.«

»Und die Schwalben, wo sind die? Oder verstehen die sich?«

»Nee. Die waren im Schlafzimmer. Aber seit gestern sind sie raus.«

»Alle!« Stolzes Unisono.

»Was wollt ihr von Vati?«, fragt Jack.

»Gibts Ärger?«, beide.

»Enna vermisst ihr Rad. Und wir dachten, wir fragen mal nach, ob es das einzige ist. Oder ob dein Vater vielleicht einen Tipp hat.«

Witzig, auch Vivien spricht mit den Twins in einer Person. Die gucken sich an. Dann holt Jack Luft. »Das ist kein guter Zeitpunkt, um mit Vati über Arbeit zu reden. Er ist nämlich … krank.«

»Wo ist er denn?« Vivien guckt sich erschrocken um, so als müsse Herr Palaske hier irgendwo unter den Bergen von Bettwäsche liegen.

»Pizza ausfahren!«

»Zeitschriften austragen!«

Das kam nicht unisono. Und das überrascht die Twins wohl am meisten. Entgeistert gucken sie sich an.

Firuz, der sich neben mich auf die zweite Couch gequetscht hat, knufft mich in die Seite. »Drei Jobs«, raunt er mir durch die geschlossenen Zähne zu.

»Ja, was denn nun, Pizza oder Zeitschriften?«, will Vivien von der anderen Couch wissen.

»Ist doch egal, hier sind wir auf jeden Fall falsch«, sage ich erleichtert und will aufstehen, aber Firuz zieht mich zurück. Im Zimmer entsteht eine bedrückende Stille. Vivien und Firuz starren die Twins an, ich starre auf den Boden. Erst als ich das Schluchzen höre, gucke ich wieder hoch. Es ist Jack, der weint.

»Fuck, was ist los, JJ?« Vivien kramt aus ihrer Pufferjacke ein Taschentuch und geht rüber zu den Twins, die plötzlich wie ein Häufchen Elend vor uns sitzen.

Und während sie den schluchzenden Jack im Arm hält, stottert es genauso schluchzend aus Joy raus. Man versteht nicht jedes Wort, aber doch, dass Herr Palaske im Krankenhaus ist. Schon seit zwei Wochen ist er weg und noch mindestens vier Wochen muss er bleiben. So lange sind die Twins auf sich allein gestellt, was keiner wissen darf. Weil sie sonst einen Betreuer kriegen, der sich um sie kümmert.

»Und was ist so schlimm daran?«, frage ich vorsichtig. Und auch ein bisschen erleichtert, denn dann ist Herr Palaske zumindest nicht der Polizist, vor dem Mama und ich heute geflohen sind. Im Stillen denke ich außerdem, dass ein Betreuer hier wirklich sinnvoll wäre. Und eine Reinigungsfachkraft auch.

»Na, die Tiere!«, schluchzt Jack auf. »Hier darf man keine Tiere halten, nur Hunde, Katzen und Käfigtiere. Alle anderen nur mit Genehmigung vom Hausmeister.«

»Und die Ratten sind nicht im Käfig?«, fragt Firuz ebenfalls vorsichtig.

Die Zwillinge schütteln die Köpfe. Jack hat sich inzwischen die Nase geputzt. Jetzt sind die beiden wieder unisono: »Wir sind doch keine Tierquäler.«

»Was für ne Krankheit hat dein Vater denn?«, fragt Vivien. Jetzt auch vorsichtig.

Die Twins zucken mit den Schultern. Dann greift Joy mit der kaninchenfreien Hand hinter sich und zieht einen Zettel aus dem Papierstapel, der sich auf dem Esstisch türmt. Sie reicht ihn an Vivien, die ihn an mich weitergibt. Logo. Wahrscheinlich steht es mir auf die Stirn geschrieben, dass ich mich mit kranken Vätern auskenne. Mist, verdammter. ›Hoffentlich ist es nichts Ernstes‹, denke ich, während ich den Arztbericht studiere.

»Okay, er hat nen Burnout«, stelle ich schließlich erleichtert fest. Und bemerke erst dann, dass mich vier Augenpaare erwartungsvoll anstarren. »Also das bedeutet: Euer Vater ist erschöpft. Er ist wahrscheinlich überarbeitet. Seine Jobs und … all das hier, überfordern ihn. Er ist übrigens nicht im Krankenhaus, sondern in einer Rehaklinik. Dort macht er eine Kur. Das ist nichts Schlimmes. Er kann sich erholen, bekommt neue Kraft und Tipps wie er das in Zukunft besser hinkriegt. Das hat meine Mutter auch schon mal gemacht. Wartet ab, in vier Wochen kommt der super-fresh zurück. Und bis dahin sollten wir das hier vielleicht ein bisschen in Ordnung bringen? Hier kriegt man nämlich echt keine Luft, wenn ich ehrlich bin. Und das bin ich meistens, sorry.«

»Wir?« Die Twins sehen mich hoffnungsvoll an.

Ich bin nicht so eine Ordnungsfanatikerin wie Mama, aber ich möchte am liebsten trotzdem gleich loslegen. Denn das hier geht gar nicht. Doch Vivien stoppt mich, noch bevor ich anfangen kann. »Pass auf, JJ. Unser Vorschlag ist ein Deal. Wir helfen dir, die Bude hier klarzukriegen und du hilfst uns, den Fahrraddieb zu fassen.«

Die Zwillinge sehen sich an. Aber es kommt keine Reaktion.

»Was denn? Willst du nun mitmachen oder nicht? Zusammen sind wir eine Gang. Das ist geil!«, will Vivi den Twins auf die Sprünge helfen. Dabei gestikuliert sie so begeistert wie ihre Mutter neulich im Paradies. Und sieht mindestens genauso schön aus.

»Wir können nicht denken, wenn wir Hunger haben.« Das war Jack.

»Und wir haben Hunger.« Joy.

»Dann musst du was essen!« Vivien wird ungeduldig.

»Aber wir haben kein Geld.« Unisono.

»Was soll das heißen? Euer Vater ist für sechs Wochen in Kur und hat euch kein Geld dagelassen?« So langsam zweifele ich wirklich an der Polizei, dem Freund und Helfer.

»Doch.«

»Schon.«

»Aber das brauchten wir für die Ratten.«

»Für die Ratten?« Firuz ist entsetzt.

Und endlich kommt Leben in die Twins. »Die brauchen auch Essen! Und Streu! Und getrennte Gehege, sonst vermehren die sich. Und Spielzeug. Sonst knabbern die sich gegenseitig an.«

»Oh Mann!« Jetzt will Firuz aufstehen, aber ich ziehe ihn zurück auf die Couch, weil Vivien noch etwas zu sagen hat.

»Gut. Dann mein Vorschlag: Wir gucken, was bei euch im Kühlschrank rumliegt, kochen was und dann machen wir einen Plan. Für die Ratten, für euch und für die Neue Heimat, denn so heißt unsere Gang ab jetzt, verstanden?«

Nicht verstanden, befürchte ich.

»Was ist los mit dir, JJ?« Viviens Ton ist scharf. »Gibts sonst noch ein Problem?«

»Wir können nicht kochen.«

»Ich kann kochen!« Firuz springt auf und kämpft sich hinter den Tresen in die Kochnische.

»Aber wir … wir haben …«

»Nichts im Kühlschrank«, stellt Firuz fest.

»Und jetzt?« Jack sieht aus, als ob er gleich wieder zu schluchzen anfängt.

»Jetzt gehen wir einkaufen!« Firuz ist entschlossen. »Los, Leute! Der Billo macht um zwanzig Uhr dicht. Wir haben also noch fünfzig Minuten.«

Ich kriege einen Schreck. »Wartet mal kurz, ich muss meiner Mutter Bescheid sagen, die weiß gar nicht, wo ich bin. Und Geld holen muss ich auch.«

»Ich hab Geld«, sagt Firuz. »Und deine Mutter kannst du von unten anfunken. Über die Gegensprechanlage.«

»So machen wir das hier immer, Rich Girl«, erklärt Vivien, die bereits an der Tür ist.

Meine Gedanken fliegen. Und plötzlich ist das Misstrauen wieder da. So einfach kann das mit dem guten Leben doch auch nicht gehen. »Scheiße! Wieso wollt ihr zwei mir eigentlich helfen?«, schwappt es auf einmal aus mir raus. »Habt ihr nichts Besseres zu tun?« Dann ist kurz Stille.

Bis Vivien schulterzuckend antwortet: »Nö. Hab ich nicht. Die vom Zirkus wollten mich ja nicht. Aber was ist mit dir, Firuz? Warum machst du eigentlich mit?«

Der Panda hat die Türklinke schon in der Hand. Doch bevor er die drückt, antwortet er trocken: »Ich bin scharf auf Ennas Campingausrüstung. Und das ganz ohne eigentlich.«

Tod und Tödchen

»Mit wem bist du denn so spät noch unterwegs?«, will Mama wissen und klingt besorgt. Ich entscheide halbwegs wahrheitsgemäß zu antworten: »Mit Firuz, und ich darf auch mit ihm Abendbrot essen.«

Mama zögert. »Aber macht nicht zu lang, morgen ist Schule.«

Vivien drängelt zum Lautsprecher, aber Firuz schüttelt den Kopf und legt ihr blitzschnell die Hand auf den Mund. Dann spricht er selbst in die Anlage: »Keine Sorge, Frau Rich, ich hab die Uhr im Blick. Spätestens um zehn muss Enna sowieso gehen. Meine Mutter ist da streng.«

»Na dann«, Mamas Stimme klingt beruhigt. »Viel Spaß euch und guten Appetit!«

Es folgt Stille. Dann jault der Panda auf. Vivien hat ihm in die Hand gebissen.

»Mach das noch einmal und du bist tot!«, zischt sie erbost. Firuz schaut entsetzt auf seine Hand, während Vivien ihn zur Seite schubst, um an die Sprechanlage zu treten. »Mir verbietet niemand zu reden.« Sie gibt die 0502 auf dem Display ein und drückt auf die Klingeltaste. Doch die bleibt stumm.

Joy dreht sich zu mir. »Deine Mutter hat nicht aufgelegt.«

Ich weiß nicht, was ich mit der Info anfangen soll, doch Firuz ist schon am Start. Er drückt die 1404.

»Jaaaa?«, meldet sich meine Mutter unsicher.

»Frau Rich, Sie müssen oben noch mal auflegen. Einfach die Sprechtaste drücken, bis das Licht bei Ihnen wieder ausgeht. Sonst blockieren Sie die ganze Anlage.«

»Oh. Danke, das mach ich sofo…«, und weg ist sie.

Schon ist Vivien wieder am Gerät. Und diesmal klingelts auch bei ihr. Doch auch nach dem vierten Mal geht niemand ran. Firuz sieht Vivi fragend an. Die tut gelassen. »Wahrscheinlich hat sie ein Date.«

Wir überqueren die Fahrbahn und laufen die Endestraße runter. Am Vergissmeinnicht treffen wir den Totengräber, der gerade vor der Tür den Aufsteller, der mit hausgemachter Eierschecke wirbt, zusammenklappt.

»Hallo, Tobi!« Die Twins winken und legen einen Schritt zu. »Hast du vielleicht was für uns?«

Tobias stoppt auf den Eingangsstufen vor der Tür, dreht sich um und wirft uns einen schüchternen Blick zu. Dann senkt er den Blick und schüttelt den Kopf, bevor er im Stechschritt die letzten Stufen nimmt.

Ebenfalls im Stechschritt laufen wir weiter die Straße runter. Jack und Joy, die die kürzesten Beine haben, müssen bei jedem unserer Schritte einen kleinen Flummi-Hüpfer nachsetzen, damit sie den Anschluss nicht verlieren. Trotzdem beschweren sie sich nicht mit einem Wort. Überhaupt sind jetzt alle still. Weil an der Kreuzung nichts los ist, rennen wir über Rot, vorbei am Gebrauchtwagenankauf, dem Trödel- und Pfandleihhaus und dem Reisebüro, bei dem ich erschrecke, weil eine Frau von innen heftig gegen die Fensterscheibe klopft. Doch Firuz winkt nur schnell zurück und schon gehts weiter. Sicherheitshalber werfe ich einen Blick ins Schaufenster des Bestattungsunternehmens, aber da klopft niemand. Doch nur zwei Geschäfte weiter, ruft jemand mit knarzender Stimme hinter uns her: »Ey, Bro, wart mal!« Und als ich mich umdrehe, bin ich der festen Überzeugung, dem Tod höchstpersönlich gegenüber zu stehen. Die Gestalt, die jetzt auf uns zukommt, sieht jedenfalls furchterregend aus. Es dauert bis ich schnalle, dass sie nicht kostümiert, sondern von Kopf bis Fuß tätowiert ist. Ich starre auf einen Zombieschädel. Ausgespart von der schwarzen Farbe sind lediglich die Flächen, die die Schädelknochen zeichnen. Ich zweifele keine Minute, dass ein echtes Röntgenbild die Vorlage war. Da die anderen überhaupt keine Angst vor dem Tod zeigen, versuche ich mir nicht anmerken zu lassen, dass ich sehr wohl welche habe. Katzenbabys, Katzenbabys. Eins, zwei, drei.

»Scheiße!«

»Enna hat recht, wir haben jetzt keine Zeit, Ronny. Ist es sehr dringend?«

Ronny grinst und ich sehe eine glatte Reihe perlweißer Zähne zwischen den schwarzen Lippen blitzen. »Kannst du was für mich austragen, Türke? Ich und Maggie tun jetzt nämlich extrahieren!«

»Maggie und ich«, verbessert Vivien genervt.

»Wieso du? Machst du auch bei uns mit?« Ronny ist offensichtlich verwirrt. Aber dann freut er sich doch. »Gute Idee! Saugute Idee. Die Maggie hats volle Kanne raus. Weil wir brauchen sicher bald Angestellte, wenn das Geschäft erst laufen tut.«

»Was für ein Geschäft, Ronny? Was extrahiert ihr? Hat es was mit Drogen zu tun?« Firuz ist misstrauisch.

»Wie kommst du darauf, Bro?« Ronny ist entrüstet. »Ich bin sauber, ich tu nicht mal mehr qualmen!«

»Er meinte expandieren, wetten?«, raunt Vivi Firuz zu. Und dann laut: »Ihr baut also aus, Ronny? Handy lohnt wohl nicht mehr?«

»Doch, doch, der Laden läuft weiter. Vorläufig. Aber wir machen jetzt auch Entrümpelungen und so. Ich hab drüben bei Hardy einen Transporter geschossen, den bau ich dann noch aus, wenn erst mal Asche da ist. Und dann fahr ich mit der Wanne und Maggie bis nach Afrika. Wollt ihr mal sehen? Ist ein geiles Teil!«

»Jetzt nicht, Ronny, wir müssen einkaufen, bevor der Billo dicht macht.« Vivien zieht Firuz am Ärmel, aber der bewegt sich nicht.

»Was ist mein Job, Ronny?«

»Na, Flyer verteilen, wie immer.«

»Für was?«

»Na, für den Entrümpelungsdienst.«

»Wie viele?«

»5.000. Oder 10.000, wenn du das schaffen tust.«

»Wie lange hab ich Zeit?«

»Bis Ende der Ferien musst du durch sein.«

»Wie viel krieg ich?«

»Fünf Cent pro Stück?«

Ich sehe, wie Firuz rechnet. Dann wirft er einen schnellen Blick zu den Zwillingen rüber und nickt dem Tod bedächtig zu.

»Geht klar, Ronny. Ich bin dabei!«

Der Tod freut sich wie ein kleines Kind. Tödchen quasi.

»Bingo, Bro, willste gleich mitnehmen? Die sind schon ausm Druck. So geil geworden. Wollt ihr mal sehen?«

Firuz winkt ab. »Aufm Rückweg, Ronny, wir gehen erst einkaufen, dann holen wir die bei dir ab, okay?«

Ich spüre den freudigen Blick des Todes in meinem Rücken, als wir weiterlaufen. Jetzt langsamer.

»Sind das 500 Euro, die du dafür kriegst?« Vivien hat also auch gerechnet und kann es nicht fassen. Firuz nickt.

»Das ist vor allem ne Menge Arbeit für 500 Euro. Glaub mir, ich mach das nicht zum ersten Mal. Weißt du, wie uns die Füße qualmen, wenn wir 10.000 Flyer in Briefkästen verteilt haben?«

»Wieso wir?« Vivien bleibt stehen. Aber jetzt zieht Firuz sie am Ärmel weiter.

»Na, weil ihr mitmacht, Almans! JJ braucht die nächsten vier Wochen was im Kühlschrank. Und wenn wir nicht erfolgreich sind, braucht Enna möglicherweise ein neues Fahrrad. Also: Die Neue Heimat hat einen Ferienjob. Oder fährt jemand von euch diesen Sommer in Urlaub?«

Weil ich mich nicht traue zu sagen, dass allein mein Rad das Dreifache gekostet hat, schüttele ich stumm den Kopf. Und immerhin ist das nicht gelogen. Denn für Urlaub haben wir dieses Jahr tatsächlich kein Geld. Oder zumindest keine Zeit. Wenn ich Mamas Telefonat mit Cleo richtig interpretiert habe.

Dann sind wir am Billo. Es ist der blau-weiße und der billigste Supermarkt, wie uns Firuz erklärt. Offensichtlich geht er oft einkaufen, denn er verteilt uns kurz und knapp mit sehr genauen Produktangaben auf die Gänge. Und zehn Minuten später fischt er kopfschüttelnd alle Spontankäufe der Twins aus dem Wagen und legt ein Hamsterrad, 500 Liter Kleintierstreu, drei Dosen Frühstücksfleisch und ein Monsterpack Saure Würmer in den Grabbelkorb neben der Kasse. Dann packt er die übrigen Sachen aufs Band. Und zahlt 27,63 Euro mit sechs Fünfer-Scheinen, die er aus seiner *Im Nu*-Kaffeedose fischt. Das Wechselgeld und den Kassenbon legt er zurück in die Dose, die er mit dem Deckel sorgfältig wieder verschließt, während die Twins bereits den Wagen aus dem Laden schieben. Ich staune. Und noch mehr über den Vortrag, den er den Zwillingen draußen vor dem Geschäft hält. Firuz ist nicht wütend, aber sehr streng, als er die zwei belehrt. »Damit wir uns richtig verstehen: Dieser Einkauf ist kein Geschenk, sondern eine Leihgabe, die du mir zurückzahlen musst, weil du mit dem Geld von deinem Vater nicht gut gewirtschaftet hast, JJ. Das nennt man Lehrgeld. Und besser ist, du lernst wirklich was draus. Denn sonst sind unsere 500 Euro weg, bevor wir sie verdient haben. Ab sofort gilt für dich erstens: Nur noch mit Einkaufszettel losgehen! Zweitens: In den Wagen kommt nichts, und ich meine gar nichts, was nicht auf dem Zettel steht. Und drittens: Niemals hungrig einkaufen gehen. Das heute war eine Ausnahme. Verstanden?« Die Twins nicken bedröppelt. »Dann Abmarsch jetzt!«

Ich habe auch was verstanden.

»Hast du noch Geschwister?«, frage ich Firuz auf dem Weg zum Handyladen.

»Wieso?«

»Du machst das bestimmt super. So mit Welterklären und allem Drum und Dran.«

Firuz lacht. »Ehrlich gesagt, mein Bruder kann gar nichts mit meinem Gelaber anfangen. Der versteht nur Befehle.«

»Ist der noch klein?«

»Er ist fünf. Ist das klein?«

»Und heißt er zufällig Omar?«

Firuz hebt eine Augenbraue und macht die Welle. »Zufällig heißt er so. Woher kennst du meinen Bruder?«

»Ich kenne ihn nicht. Aber dein Vater kennt ihn wohl ziemlich gut. Er verteilt nämlich auch Befehle.«

»Ja, das tut er. Also uns kennen. Wir sind ja schließlich seine Kinder. Normal, oder?«

»Mein Vater kennt mich null«, sagt Vivien plötzlich. »Und er will mich auch nicht kennenlernen. Ich hab mehrmals versucht übers Jugendamt Kontakt mit ihm aufzunehmen, aber er hat mir nie geantwortet, obwohl es ihm angeblich ausgerichtet wurde.« Kurz sieht es so aus, als ob die Stimmung kippt. Aber dann schüttelt Vivi trotzig ihre blonde Mähne und sieht mich auffordernd an. »Und du, was ist mit deinem Vater? Habt ihr Kontakt?«

Eigentlich habe ich keine Lust, über meinen Vater zu reden. Oder doch? »Im Moment nicht so richtig. Manchmal schickt er mir eine Nachricht. Oder … ein Video. Wenn er denkt, das könnte mich interessieren.«

»Und? Interessiert es dich?«

»Eher nicht so.«

»Was für Videos?«

»Katzenvideos.«

»Magst du keine Katzen?« Ah, die Twins hören also auch zu.

»Schon. Aber es ist nicht das, worüber ich mit ihm reden will. Es fühlt sich an wie ein Ablenkungsmanöver.«

»Hat er ne andere?«

»Ne andere was?«

»Ne andere Frau?«

»Ich glaub nicht.«

»Und deine Mutter? Hat die …?«

»Ne andere Frau? Nee, die steht auf Männer.«

Vivien grinst. »Das meinte ich, hat sie einen anderen?«

»Nee, die hat die Schnauze voll.«

Vivien lacht laut auf. »Das sagt meine auch immer und dann steht doch wieder ein Kerl vor unserer Tür, gerne auch mit Gepäck.«

Also gut, ich versuchs. »Das wird bei uns nicht passieren. Meine Eltern hatten ne richtig schwere Krise. Während der Pandemie fing das damals an. Mein Vater, der … der ist im Kopf … da ist irgendwas passiert und dann hat er …«

»Hey, Leute, da seid ihr ja«, unterbricht mich der Tod, denn wir sind vor seinem Handyladen angekommen. Und dort labert er einfach drauflos. Wie geil sein Bus ist, wie geil seine Flyer sind, wie geil er ist, wie geil, wie geil, wie ich das hasse!

»Pimmel! Scheiße! Fick dich!«

»Was hast du gesagt?« Der Tod unterbricht sein Geseier und baut sich vor mir auf. Ich kann am Gesicht nicht erkennen, ob er böse oder nur verwundert ist, aber sein Körper ist gespannt wie ein Flitzebogen.

»Sorry, ich war in Gedanken.«

»Genau! Wir haben uns nämlich gerade unterhalten, Ronny!« Vivien drängelt sich zwischen mich und den Tod. »Also gib schon her, deine saugeilen Flyer.«

Und das macht Ronny. 10.000 Stück verpackt in drei sauschwere Kartons. Firuz und ich nehmen unsere vor die Brust und ächzen auf dem Rest des Rückwegs, während die Twins, bepackt mit unseren Einkäufen noch Kraft haben, ein Kindergartenlied zu trällern und an den Schaufenstern vorbeizutanzen. Vivien hat ihren Karton auf ihre rechte Schulter gehievt. Wo sie ihn lässig nur mit einer Hand hält.

»Also, was ist jetzt mit deinem Vater? Was ist mit seinem Kopf passiert? Du warst noch nicht fertig.«

Außer Vivien sieht mich keiner an. Alle gucken irgendwo in der Welt rum und trotzdem spüre ich die Spannung zwischen uns. »Ich kanns nicht gut erklären«, versuche ich wieder da anzuknüpfen, wo ich vorhin aufgehört und innerlich auch aufgegeben hatte. »Habt ihr schon mal was von den Querdenker:innen gehört?«

»Meinst du die Impfgegner?«

»Oder die Nazis?«

»Die Reichsbürger?«

»Oder die Verschwörungsfreaks?«

Ich überlege. Und das ist das Problem. Ich überlege schon so lange. Aber ich komme zu keinem Ergebnis. »Keine Ahnung, wen genau ich davon meine. Jedenfalls war mein Vater dann plötzlich auch dabei. Also bei den Demos. Er meinte, die Zeit sei nun gekommen.

»Die Zeit wofür?«, will Firuz wissen.

»Tja, genau das habe ich bis heute nicht aus ihm rausgekriegt. Und meine Mutter auch nicht. Mein Vater hing immer öfter im Internet fest, was keinem von uns aufgefallen ist, es war ja Pandemie und wir saßen zu Hause alle vor den Rechnern. Doch er hat auch immer weniger geredet. Nur so irre gelacht hat er ab und zu, völlig ohne Zusammenhang. Das war echt … zombiemäßig. Und eines Tages war er ganz weg. Einfach abgehauen. Er hat einen Zettel geschrieben, dass er jetzt zu den Menschen geht, die ihn brauchen. Wer diese Menschen sind, wo die leben und was die da machen, wissen wir nicht.«

»Hast du ihn denn mal gefragt? Er schickt dir doch Nachrichten, hast du gesagt.« Bei Vivien ist selbst das Stirnrunzeln zuckersüß.

»Natürlich hab ich das. Tausendmal mindestens. Aber er antwortet nicht auf solche Fragen. Er hebt auch nicht ab, wenn Mama oder ich ihn anrufen. Angeblich wird er abgehört.«

»Von der Polizei?«

»Von Bill Gates.« Jetzt seufze ich schon original wie meine Mutter.

Vivien legt mir ihre freie Hand auf die Schulter und drückt leicht. »Mach dir nichts draus. Manchmal ist es besser ohne die.«

Es fühlt sich seltsam an, mit jemandem über Papa zu reden, der nicht Mama, Cleo oder meine Therapeutin ist. Seltsam, aber gut.

»Unsere Mutti ist auch krank, Enna.« Ganz leise kommt das von den Twins. »Manchmal hört sie Stimmen, die ihr Befehle geben. Dann macht sie Sachen, die ihr später leidtun«, flüstert Joy.

»Und deshalb wohnt sie auch nicht mehr bei uns«, beendet Jack die Erklärung.

»Aber ihr wisst zumindest, wo sie ist und wie es ihr geht«, wirft Firuz vorsichtig ein, der die Geschichte von den Palaskes genau wie Vivi zu kennen scheint, denn beide sind nicht überrascht vom Bekenntnis der Zwillinge. Plötzlich stöhnt Firuz dramatisch auf: »Leute, meine Arme brechen gleich ab!«

Joy zeigt erleichtert lachend in das Schaufenster, an dem wir gerade verschnaufen. »Leider hat das Pfandleihhaus schon zu. Sonst könnten wir uns jetzt den Handwagen kaufen, der kostet bestimmt nichts.«

Tatsächlich steht hinter der verstaubten Scheibe ein alter Bollerwagen in der Auslage. Darauf türmen sich Briefmarkenalben, Erzgebirgsschnitzereien, Armbanduhren, ein Grammofon, Zinnbecher, Sammeltassen, Kristallgläser und allerhand altes Zeugs. Das meiste ist hässlich, aber trotzdem kann ich mir den Kommentar nicht verkneifen: »Ich will ja nicht klugscheißen, Leute, aber der kostet ganz sicher. Denn alt ist nicht gleich billig und schon gar nicht gleich Müll. Selbst wenn der handwerklich oder historisch keinen Wert hat, ist das Vintage vom Feinsten. Und auf jeden Fall was für Nostalgiker:innen.«

Die Twins sehen mich fragend an.

»Vintage? Ist das Gleiche wie Shabby Chic. Zeug aus alten Zeiten, so Retro-Style eben.«

Die Twins schütteln den Kopf. Die Köpfe. »Nosta-was?«

»Ach so, Nostalgiker:innen sind Menschen, die …« Ich muss überlegen.

»Die auf Tote stehen?«, fragen die Twins vorsichtig.

Firuz verzieht angewidert das Gesicht. »Bäh!«

Und ich muss lachen. »Nein! Das heißt … anders! … Nekrophilie nämlich. Und solche Leute sind richtig krank. Aber Nostalgiker:innen stehen einfach nur auf alten Kram. Die haben Sehnsucht nach alten Zeiten. Oder erinnern sich zumindest super gerne an die. Deshalb haben Möbel oder Gegenstände aus der Zeit einen besonderen Wert für sie. Und da zahlen die auch für so einen Bollerwagen mal locker einen Hunderter – oder zwei.«

»Zwei Hunderter?« Die Twins sind fassungslos. »Never!«

Ich drücke meine Nase an die verstaubte Scheibe und tatsächlich entdecke ich auf dem Rad des Wagens einen Aufkleber. »Sag ich doch, hier stehts, na ja, 170 Euro VB.«

»VB?«

»Verhandlungsbasis. Man kann also noch feilschen – wie aufm Flohmarkt.«

»Die sind doch nicht ganz dicht! 170 Euro? Damit könnten wir ein Jahr die Ratten durchfüttern oder die Minka sterilisieren lassen oder …«

Weiter gehts nicht, Jack und Joy hängen irgendwo im Tierhimmel fest. Und auch ich gerate beim Anblick der kleinen Schweißperlen, die auf Vivis Oberlippe in der Abendsonne glitzern, fast ein bisschen ins Träumen. Aber nur fast.

»Also los jetzt, Leute. Endspurt! Oder habt ihr keinen Hunger? Ich verspreche euch das leckerste Abendessen aller Zeiten! Im Gegensatz zu euch kann ich nämlich noch was anderes als Ratten füttern.« Damit gibt Firuz sehr überzeugend den Startschuss und alle setzen sich wieder in Bewegung.

Tierisch beste Freunde

Hätten wir nicht zufällig Frau Schnauz im Fahrstuhl getroffen, wäre alles anders gekommen. Dabei war Frau Schnauz sicher nicht der Grund, warum wir stecken geblieben sind. Denn der Fahrstuhl fasst tausend Kilo und Frau Schnauz ist ein Fliegengewicht. Und der Putzeimer, den sie auf dem Hof eingesammelt hat und bei sich trägt, ist so leer wie unsere Bäuche, die im Dunkeln anfangen zu knurren. Dann geht das Notlicht an.

»Scheiße! Scheiße! Scheiße!«

Ausnahmsweise ist es Vivien, die Wörter ausspuckt wie Fliegendreck. Frau Schnauz räuspert sich missbilligend. Dann drückt sie müde den Alarmknopf. Eine automatische Bandansage knattert durch den Lautsprecher. Eine Frauenstimme sagt uns, dass wir Ruhe bewahren sollen und … dann nichts mehr. Die Ansage bricht ab. Frau Schnauz drückt ein zweites Mal den Knopf. Dabei starren wir alle auf ihren Finger. Der zwar zierlich ist, aber feste drückt. Einmal, zweimal, dreimal. Doch es passiert nichts. Gar nichts. Frau Schnauz tritt einen Schritt zurück und betrachtet verwundert ihren Finger.

Als Nächstes bewegen sich die Twins. Leicht panisch drücken sie die Knöpfe. Alle Knöpfe, ohne System, kreuz und quer. Nichts passiert. Sie machen Platz für Firuz, aber auch seine Drückerei, sorgsam und mit Kraft, setzt weder den Fahrstuhl noch den Alarm noch das Licht in Gang. Automatisch bewege ich mich zu den Schaltern. Als ich an der Reihe bin, denke ich an die Relaxing Queen und Katzenbabys und zähle vor jedem einzelnen Drücker bis drei. Nichts.

»Es ist acht. Da kommen noch jede Menge Leute, die werden merken, dass der Fahrstuhl nicht geht und jemanden holen«, ist sich Firuz sicher.

Doch Frau Schnauz schnaubt verächtlich. »Wers glaubt.«

Und dann krieg ich plötzlich Panik. Ich merke, wie mir der Schweiß ausbricht und mein Herz zu rasen beginnt. Wahrscheinlich rast auch mein Atem, denn auf einmal starren mich alle an. Und gehen weg von mir, so weit weg, so weit …

»Auf den Boden, leg dich auf den Boden!«, befiehlt eine Stimme und ich gehorche. Vivien kniet sich neben mich und nimmt meine Hand. »Atmen, Enna! Enna, hörst du mich?« Ich will nicken, aber ich schaffs nicht. Ich hefte mich an Viviens Augen, die im Notlicht noch blauer als blau leuchten, und versinke.

»Wir zählen jetzt, Enna. Ich laut, du leise. Wir zählen bis ... sagen wir 33, okay? Also los! Eins, zwei, drei …« Und ich zähle. Viviens Stimme leitet mich durch die Dunkelheit. Ich bin nicht verloren, ich bin da, ich bin hier, ich atme. Bei 33 atme ich wieder langsam und hoffe inständig, dass es nur der Schweiß ist, der mir an den Beinen runterläuft. »Hier!« Vivien gruschelt in ihrer Pufferjacke und zieht ein Handy raus. Schimmerndes Roségold, das passt zu ihr. Sie wirft es Firuz zu. »Ruf die Polizei!« Die Twins erschrecken. »Oder besser die Feuerwehr.«

Frau Schnauz meldet sich zu Wort: »Besser den Hausmeister. Der kümmert sich hier um alles.«

»Um diese Zeit?« Firuz ist unsicher. Frau Schnauz nickt siegessicher. »Und wissen Sie seine Nummer?«

Die weiß Frau Schnauz allerdings nicht. Bedröppelt gibt sie zu: »Der Zettel liegt oben neben meinem Telefon.«

»Gib her!« Vivien nimmt ihr Handy zurück, scrollt durch ihr Telefonbuch und drückt entschlossen eine Taste. Auf der anderen Seite geht jemand ran, hört sich Viviens Story an und verspricht anscheinend Hilfe. Denn Vivi verabschiedet sich mit »Gut, danke«, bevor sie sich mit einem knappen »Da kommt gleich einer und holt uns hier raus« an uns wendet. Und noch bevor jemand wer, wie, wo, was fragen kann, quatscht Vivien weiter: »Sagen Sie mal, Frau Schnauz, ich hab gehört, dass Ihr Fahrrad geklaut wurde? Stimmt das?«

Frau Schnauz zieht die Stirn kraus. Und denkt angestrengt nach. »Mein Fahrrad? Wer sagt das? Ich bin seit Ewigkeiten nicht mehr Rad gefahren. Ist es weg? Es war mal weg, das weiß ich wohl, aber nicht geklaut. Das hatte sich einer ausgeliehen. Aber nach ein paar Tagen war es wieder da. Nein, nein, das ist nicht geklaut. Das steht sicher im Fahrradraum. Wer will schon so eine alte Gurke klauen. Die ist ja noch, ach, aus DDR-Zeiten, glaub ich.«

Und dann sagen die Twins: »Es gibt Leute, die stehen auf so was. Die nennen sich Nostalgieniker.«

»Nostalgiker:innen«, verbessere ich schwach, aber die Twins haben es gehört.

»Genau die!«, triumphiert Jack.

Und Joy nickt. »Die zahlen für einen ollen Handwagen bis zu 170 Euro!«

»Äh!« Frau Schnauz wirkt ärgerlich. »Ihr meint diese DDR-Bollerdinger? Was für ein Quatsch.«

»Kein Quatsch!«, protestieren Joy und Jack. »Wir haben es mit eigenen Augen gesehen! Stimmts, Enna?«

Und auf einmal habe ich die Erleuchtung. Und das nicht nur, weil das Licht im Fahrstuhl plötzlich wieder angeht. Und zwar mit genauso einem Flackern, wie es in den Zombiefilmen immer ausgeht. Ich rappele mich langsam auf. Tatsächlich fühle ich mich schon viel besser. »Frau Schnauz, wenn Sie Ihr Rad sowieso nicht mehr fahren, können wir versuchen, es für Sie zu verkaufen. Vielleicht klappt es ja?«

Der Fahrstuhl ruckelt und Frau Schnauz wackelt. Schnell greife ich ihre Hand, damit sie nicht umkippt. Erschrocken sieht sie mich an.

»Oder hängen Sie an dem Rad?«

Frau Schnauz schüttelt verwirrt den Kopf.

Dann fährt der Fahrstuhl an und die Stimme der Bandansage geht los, die uns mitteilt, dass wir Ruhe bewahren sollen, unser Notruf bei der Störungsstelle eingegangen ist und gleich bearbeitet wird. Erleichtertes Aufatmen.

Vivi fragt: »Gehts bei dir?«

Ich nicke. Die anderen schnappen sich die Kartons mit den Flyern. Ich zögere. »Frau Schnauz?«

Die alte Dame bückt sich nach ihrem Putzeimer. »Macht nur. Wenn die Gurke da noch steht, könnt ihr sie haben. Die hat keinen Wert für mich.«

Die Fünf leuchtet und mit einem *Pling!* öffnet sich die Tür. Tatsächlich steht der Hausi in seinem Blaumann vor uns. Wir sehen, wie er Frau Schnauz den Putzeimer abnehmen und sie unterhaken will, doch die winkt unwirsch ab. Dann schließt sich die Tür wieder und die Fahrt geht weiter.

»Du hast Boulette angerufen?«, wundert sich Firuz. Doch Vivien schüttelt den Kopf.

»Hab ich nicht, das war wahrscheinlich der Bernd. Aber was mich viel mehr interessiert: Wieso bist du so heiß auf das Fahrrad von der Schnauz, Enna? Glaubst du echt, das bringt uns Geld? Richtig fettes Geld?«

Die Twins sehen mich gespannt an. Auch Firuz kann seine Neugier nicht verbergen. In seiner Dose hüpft das Kleingeld.

Also gut.

»Nein, das glaub ich nicht. Aber ich glaube, das Rad von Frau Schnauz bringt uns zu unserem Dieb. Der, der mein Fahrrad geklaut hat und noch viel, viel mehr in diesem Haus.«

»Viel, viel mehr?«

»In diesem Haus?«

»Wie meinst du das?«

»Was denn noch?«

Ich denke scharf nach und zähle auf: »Kristallgläser, Zinnkrüge, Porzellantassen, Briefmarkensammlung, Besteck, Schmuck. Das allein vermisst Frau Schnauz. Soweit bin ich mir sicher. Aber vielleicht vermisst sie auch ein Grammofon und einen Handwagen? Oder jemand anderes aus diesem Haus vermisst ebenfalls Sachen? Ich zum Beispiel vermisse mein Fahrrad. Das passt allerdings nicht ins Schaufenster. Also müssen wir rein in den Laden und uns dort mal umsehen.«

»Du meinst die Sachen aus dem Schaufenster sind alle …?« Diesmal schalten die Twins schnell.

»Genau! Ich glaube, wir haben es mit einem richtig krassen Kriminellen zu tun. Oder einer Bande. Die hier die Leute beklaut und die Sachen ans Pfandleihhaus vertickt.«

Pling! Der Fahrstuhl hält in der Zwölf. Die Tür öffnet sich. Doch niemand will aussteigen. Alle starren mich an. Bis ich auf das Begrüßungskommando zeige, das uns erwartet. Es ist ein Kaninchen mit Gipsfuß. Und um die Ecke flitzt eine Ratte.

Der Panda schreit. Will schreien. Aber Vivien hält ihm die Hand vor den Mund.

Auf der Fußmatte der Palaskes hat sich eine Rattenfamilie zum Abendbrot versammelt. Soweit ich das beurteilen kann, besteht die Familie aus mindestens dreizehn Mitgliedern und frisst sich gerade hemmungslos durch eine Auswahl von Tortenstücken, Kuchen und Gebäck, die wahrscheinlich ordentlich in Papier verpackt vor der Tür abgestellt wurde. Jetzt ist das Papier in Fetzen über den Flur verteilt, die Tiere wuseln durch Sahneberge und legen der gegenüberliegenden Wohnung in regelmäßigen Abständen kleine Kackehäufchen vor die Tür. Fast kann ich ein System in dem Chaos erkennen. Die Fußmatte der Nachbarn scheint jedenfalls die Toilette der Tiere zu sein. Und abgesehen von den dicken, unbehaarten Schwänzen, sind sie voll niedlich.

»Pimmel!«

Firuz und Vivien bleiben angeekelt mit ihren Kartons in sicherer Entfernung stehen, während ich näher herangehe, um die Sachlage einzuschätzen. Die Twins streiten leise, wer von ihnen die Wohnungstür nicht richtig zugezogen hat, die, wie ich sehen kann, tatsächlich einen Spaltbreit offen steht. Joy sammelt ein paar blasslilane Papierschnipsel zwischen den weißen auf und versucht sie auf der Fußmatte zusammenzupuzzeln, aber die Ratten wollen mitspielen und schließlich gibt sie schulterzuckend auf.

»Gruß von Tobi«, liest sie vor, bevor sie das Papier zusammenknüllt. »Er ... entschuldigt sich und sagt Danke oder so.«

»Wofür?«

»Keine Ahnung.«

»Er entschuldigt sich immer, für alles. Wir versuchen es ihm abzugewöhnen, aber das ist so drin bei ihm.«

»Jedenfalls war wohl doch noch was übrig im Café.«

Und während Jack vorsichtig über die Rattenfamilie auf der Tortenpappe steigt und die Tür aufstößt, schiebt Joy vollkommen furchtlos deren Abendbrottisch samt Ratten in die Wohnung. Um gleich darauf mit einem Besen und einer Mülltüte wieder auf den Flur zu kommen.

»Was ist?«, fragt sie uns verwundert. »Wollt ihr nicht reingehen und endlich die Kartons abstellen?«

Als wir die Wohnung betreten, sind die Ratten nicht mehr zu sehen. Aber wir können Jack hören, wie er im Kinderzimmer leise mit ihnen schimpft. »Sahne! So blöd, ehrlich, Leute. Das gibt doch Durchfall. Und Bauchschmerzen. Und deshalb ist jetzt mal Schluss damit. Nein, du gibst das her, lass los, aua …«

Wir verziehen uns ins Wohnzimmer und stellen als Erstes die Kartons auf der Couch ab. Dann sehen wir uns unschlüssig an.

»Oh Mann!« Firuz schüttelt den Kopf. »Was jetzt?«

»Na, was schon, du kochst und wir essen. Ich kipp gleich um vor Hunger.« Joy ist mit dem Besen und der Mülltüte zurück. Den Besen lehnt sie an den Esstisch. In die Tüte macht sie einen Knoten und wirft die kurzerhand über unsere Köpfe hinweg auf den Balkon, wo sich schon andere Tüten stapeln. Dann stampft sie zurück in den Flur. Wir hören, wie die Wohnungstür zufällt. Gleich darauf kommen beide Twins mit den Einkäufen ins Wohnzimmer und gucken Firuz erwartungsvoll an.

»Du sagst, was zu tun ist, Firuz. Muss was geschnippelt werden oder so?«

Firuz sieht die zwei ziemlich entgeistert an. »Als Erstes solltest du mal Hände waschen, JJ!«

»Geht klar.« Die Twins drängeln sich mit den Einkaufstüten hinter den Tresen und weiter an die Spüle.

»Doch nicht in der Küche!« Jetzt wird Firuz' Ton scharf. »Alter, da wird gleich gekocht! Schon mal was von Lebensmittelhygiene gehört? Das ist widerlich. Geh gefälligst ins Badezimmer, JJ! Und von mir aus darfst du auch gerne eine Dusche nehmen, das kann nicht schaden. Hast du überhaupt schon mal geduscht, seit dein Vater weg ist?«

Die Twins sehen sich bekümmert an. »Duschen geht nicht«, sagt Jack schließlich schulterzuckend.

»Wieso nicht? Sieht die Dusche etwa so aus wie euer Balkon?« Vivi zeigt raus auf die Mülltüten.

Die Twins schütteln die Köpfe. Dann wieder unisono: »Die Dusche ist gerade besetzt.«

»Besetzt?« Jetzt bin ich schockiert. »Von wem denn? Wohnt sonst noch wer hier?«

Die Twins holen Luft.

»Oh nein, sags nicht, bitte, sags einfach nicht, JJ! Ich will es auf gar keinen Fall wissen.« Firuz hält sich die Ohren zu.

»Es ist bloß die Minka«, protestiert Jack.

»Aber die möchte gerade nicht gestört werden«, betont Joy.

»Ist das die Katze von eurer Mutter?«, will Vivien wissen. »Die kenn ich, die ist ein Freigänger, oder? Ich dachte, die ist weg.«

»Freigängerin«, korrigiert Joy. Und Jack ergänzt: »Sie ist nicht weg, sie bekommt bloß bald Babys.«

»In eurer Dusche?! Jesus! Weiß euer Vater davon?«

Irritiert sieht Jack mich an. »Wieso sollte er? Er ist nicht hier und kann ihr sowieso nicht helfen. Niemand kann das.«

Joy nickt und sagt: »Katzen machen das alleine. Minka hat sich auch alleine den Platz ausgesucht, wo sie ihre Babys kriegen will. Und das ist nun mal unsere Dusche. Katzen haben ihren eigenen Kopf, sagt Mutti.«

»Okay.« Firuz nickt. »Aber den hab ich auch. Und ich will, dass ihr jetzt zumindest eure Hände waschen geht. Im Badezimmer! Das wird ja wohl gehen? Oder liegt noch wer im Waschbecken?«

Jack denkt ernsthaft kurz nach, schüttelt dann aber doch recht sicher den Kopf.

»Dann beeil dich, denn ich will das hier nicht alleine machen.«

Es ist schon nach neun, als wir mit dem Essen fertig sind. Und ich schwöre, es war das bisher beste Essen meines neuen Lebens, auch wenn wir wirklich jede Menge zu schnippeln hatten. Denn es gab Gemüsepfanne mit Auberginen, Tomaten, Zucchini, Paprika, Zwiebeln und Knoblauch. Dazu Couscous und eine Joghurtsauce mit Zitrone, Minze und Kümmel.

»Das war lecker!«, finden auch die Twins und stellen zufrieden die Teller ab, die sie – ohne Firuz' Augenrollen Beachtung zu schenken – gerade blitzschnell blitzsauber abgeleckt haben. Dafür kleben auf ihren Nasen jetzt Essensreste, die sie sich freundlicherweise gegenseitig mit dem T-Shirt abwischen.

Firuz schüttelt stöhnend den Kopf, dann dreht er sich zu mir. »Ich habs mir überlegt. Ich will später auch keine Kinder.« Und zu den Twins sagt er: »Jetzt, wo du satt bist, kannst du wieder denken, ja? Dann guck dir den Saustall hier doch mal an, JJ. Fällt dir dazu irgendwas ein?«

Die Twins sehen sich ernsthaft um. Und dann fällt ihnen tatsächlich auch was ein. Nämlich dass Saustall ein ganz dummer Ausdruck für ihre wirklich versiffte Wohnung ist. Weil Schweine nämlich sehr saubere Tiere sind. Und gerne in einem sauberen Stall wohnen. Hier würden die sich bestimmt nicht wohlfühlen.

»Echt jetzt?« Firuz ist erschüttert. »Das ist alles? Schweine würden sich hier nicht wohlfühlen? Ihr zwei aber schon, oder was?«

Mir fällt sofort auf, dass Firuz die Twins zum ersten Mal als zwei Personen anspricht. Und auch die Twins gucken überrascht. Doch ihre Antwort kommt wieder als Chor. Erst ein zeitgleiches Kopfschütteln. Dann: »Wir fühlen uns nicht wohl. Aber wir wissen nicht, wo wir anfangen sollen. Es ist alles so …«

»… viel?«, hilft ihnen Vivien, die kaum was gegessen und die ganze Zeit nichts gesagt hat.

»Aber wir sind keine Messis! Und wir halten Tiere artgerecht«, stellt Jack aufgebracht klar. »Deshalb sieht es ja hier so aus. Es ist wegen der Ratten. Die Topinke-Brüder haben die gekauft, aber in der Zoohandlung haben sie gesagt, es sind vier Männchen. Dann hat das erste Männchen Babys gekriegt. Und die hat Herr Topinke durchs Klo gespült! Und zwar lebendig.«

»Wie bitte?«

»Er hat die Babys ertränkt!« Jack schreit beinahe. Dann kommen ihm die Tränen. Und das sind viele. Es hört überhaupt nicht mehr auf. Jack weint und weint. Hilflos guckt seine Schwester erst ihn, dann uns an. Vivien steht von der Couch auf und sucht nach Taschentüchern. Aber Firuz ist schneller. Er zieht sein Shirt über den Kopf und reicht es an Joy, die etwas unbeholfen das Gesicht ihres Bruders abtrocknet. Und ich kann nicht anders. Ich greife über den Tisch und halte Jacks Hand. Dasselbe hat mir im Fahrstuhl nämlich auch geholfen. Und tatsächlich wird Jacks Schluchzen zumindest etwas leiser.

»So ein mieses Schwein, dieser Topinke!«, versuche ich ihn zu trösten und bemerke gleich meinen Fehler. »Äh, sorry, Pimmelarschloch, ist das okay?«

Joy nickt mir dankbar zu, dann erzählt sie. Ihre Stimme ist ganz leise. »Die Sarah hats gesehen. Das ist die Topinke-Schwester. Und als das zweite und das dritte Männchen letzte Woche auch Babys gekriegt haben, da hat sie uns die schnell vorbeigebracht. Und die Großen sicherheitshalber mit dazu. Weil ihr Vater jetzt nämlich ein Weibchenhasser ist und die alle umbringen will!«

»Fuck!«, das war Vivi.

»Aber warum entsorgt ihr den Müll auf eurem Balkon? Und nicht unten auf dem Müllplatz?« Firuz lässt nicht locker. Wobei er jetzt auch leiser spricht. »Und wo wollt ihr hin mit den Ratten, habt ihr euch das mal überlegt? Die stinken euch die Bude voll, bis jemand bei der Verwaltung Alarm schlägt. Und dann kriegt euer Vati einen Herzinfarkt und richtig Ärger, weil er seine Aufsichtspflicht verletzt hat. Und dann …«

Jacks Schluchzen wird wieder lauter. Bis Vivi einschreitet. Wütend knallt sie mit der flachen Hand auf den Esstisch. »Ist doch jetzt scheißegal, Türke. Siehst du nicht, wie beschissen es den beiden geht? Die brauchen kein dummes Oberlehrer-Geschwätz, die brauchen Hilfe!«

Mit einem Schlag ist es still im Wohnzimmer.

Eins, zwei, drei, atmen, Katzenbabys, Katzenbabys, Katzenbabys.

»Vivi hat recht! Was wir brauchen, ist ein Plan«, höre ich mich sagen.

Alle sehen mich an.

»Und den machen wir. Jetzt! Wir haben noch 21 Minuten, dann muss ich gehen. Aber vorher brauche ich Papier und Stift. Gibts das hier irgendwo, Joy?«

Joy überlegt. Sie zieht die Schublade des Esstischs auf, kramt und legt einen Kugelschreiber auf die Tischplatte. Dann überlegt sie wieder. Lässt sich unter den Tisch gleiten, krabbelt zwischen unseren Beinen und unter meinem Stuhl hindurch, taucht hinter meinem Rücken wieder auf, nimmt dort einen ziemlich großen Kalender von der Wand und legt ihn vor mir auf dem Tisch ab.

Der Kalender ist ein Werbegeschenk vom Heimtierbedarf und trägt den Titel *Tierisch beste Freunde*. Auf der Titelseite lugen fünf saubere Ferkel mit ihren Schnäuzchen über den Rand eines Kuschelkörbchens. Darunter steht: *»Freundschaft, das ist wie Heimat.« Kurt Tucholsky.*

Scheiße! Scheiße! Scheiße!

Heute fahre ich mit der Bahn und nicht mit dem Rad in die Schule. Ich hatte zwar gehofft, die Weißhaupts auf ihrer Bank am Sandkasten zu treffen, aber dienstags scheint bei denen was anderes als Fahrradträumerei auf dem Plan zu stehen, und ohne zu fragen, traue ich mich nicht, das Rad auszuleihen. Auf der Bank sitzt heute nur der Hausi. Er raucht und hustet und ich seh zu, dass ich zur Haltestelle komme. Auf dem Weg begegne ich niemandem, nur ein sehr schöner Mann mit Kinderwagen joggt an mir vorbei. Das könnte ich auch mal wieder machen. Als die Bahn hält, steige ich hinten ein und bereue es sofort, denn dort ist es rappelvoll und ich hasse es, mit fremden Menschen Haut an Haut zu stehen. Überhaupt Menschen. Ich will gerade keine sehen. »Scheiße! Scheiße! Scheiße!«

Ein paar Fahrgäste drehen sich zu mir um und ich tue so, als ob ich eine Nachricht auf dem Handy lese.

Das funktioniert meistens.

»Ficken!«

Aber nicht immer.

Eine junge Frau pöbelt mich an. »Gehts noch? Oder haben sie dir ins Gehirn geschissen?«

Ich versuche ruhig zu bleiben. Eins, zwei, drei, atmen, lächeln, aber ich komme nicht rein. Heute keine Katzenbabys. Ich habe das dringende Bedürfnis zu heulen. Also steige ich an der nächsten Haltestelle aus. Als die Bahn abfährt, hämmert die Motzkuh von innen gegen die Scheibe und streckt mir zum Abschied ihren Mittelfinger entgegen. Neben ihr steht … Annika? Annika. Als sich unsere Blicke treffen, guckt sie schnell weg. Ich auch.

Ich komme verheult und zu spät zum Unterricht, aber zum Glück interessiert das niemanden.

Während ich mich auf meinen Platz in der letzten Reihe fallen lasse, höre ich aus dem Getuschel vor mir jemanden »Ladyshaver« gackern und von wo anders ruft einer »Hey, Misses Birdy«.

Dann erst sehe ich das Bild, das am Whiteboard hängt und das unser Englischlehrer Herr Bird eben eingehend betrachtet. Wow! Der Farbdruck ist zwar schlecht, aber das Motiv ist topp. Und wahrscheinlich der Auslöser für das Gegacker. Soll das Herr Bird sein? Herr Bird als Paradiesvogel. Oder Frau Bird als Paradiesvogel? Der Paradiesvogel trägt nämlich ein Federkleid. Ob das mit Photoshop bearbeitet wurde? Wer hat das aufgehängt? Und wer hat fett *Fummeltante* mit dem Marker daruntergeschrieben?

Herr Bird geht langsam zu seinem Pult. Dort drückt er die Klingel, was er nie macht. Dann setzt er sich. Nicht auf seinen Stuhl, sondern auf das Pult. Was er auch nie macht. Herr Bird ist keiner von den strengen Lehrern, aber auch keiner von denen, die den coolen Checker raushängen lassen. Herr Bird ist … normal. Normalerweise normal.

Augenblicklich hört das Gewusel auf und es wird still in der Klasse. Alle starren Herrn Bird an. Der starrt mit leicht zusammengekniffenen Augen zurück. Er sieht aus, als ob er nachdenkt.

»Ich halte den Unterricht heute ausnahmsweise auf Deutsch«, beginnt Herr Bird mit ruhiger Stimme, »denn ich möchte, dass mich wirklich alle verstehen. Außerdem …«, er zeigt auf das Whiteboard, »hat hier jemand das Unterrichtsthema auf Deutsch vorgegeben. Kommen wir dem Wunsch also nach. Wer von euch kann erklären, was eine Fummeltante ist?«

Ein Raunen geht durch die Klasse. Manche gucken sich um.

»Auf Deutsch erklären?«, fragt Cecilia vorsichtig.

Herr Bird lächelt. »Gerne.«

»Ich bin mir nicht sicher, aber ich denke, das ist …«

»Ne Schwuchtel!«, ruft Deniz plötzlich dazwischen.

»Und was genau ist eine Schwuchtel, Deniz?«

Deniz lacht. Und mit ihm ein paar von seinen Jungs, die üblichen Verdächtigen halt.

»Eine Schwuchtel ist ein Homo!«, meint Paul.

»Ein Mann, der es mit Männern treibt!«

»Ein Arschficker.«

Der kam leise, aber deutlich. Alle Köpfe fliegen erschrocken rum. Niemand lacht mehr. Niemand tuschelt.

»Das ist nicht ganz korrekt, Damon. Aber keine Sorge, wir haben ja bereits Notenstopp. Hat noch jemand eine Idee, was eine Schwuchtel ist?«

Ein Arm geht zögerlich hoch.

»Okay, Annika, bitte.« Herr Bird lächelt aufmunternd. Die Pferdemädchen gucken gespannt. Ich auch.

»Schwuchtel ist … ein Schimpfwort?«

Herr Bird nickt zufrieden. »So ist es, Annika. Der Begriff Schwuchtel wird umgangssprachlich, und zwar abfällig, benutzt. Es handelt sich also nicht um eine Selbstbezeichnung von männlichen Homosexuellen. Ins Englische übersetzt heißt schwul übrigens wie?«

»Gay!«, ruft Simon lässig.

»Sehr gut, Simon. Kommen wir jetzt zurück zur Fummeltante. Ist das eine Frau oder ein Mann?«

»Ein Mann!«, weiß Paul.

»Okay, aber warum wird der dann nicht Fummelonkel genannt?«

»Na, weil der Kleider anhat, wie ne Frau.«

»Und was macht dieser Mann in den Kleidern einer Frau?«

Kurze Stille im Klassenzimmer. Dann meldet sich Carlo. »Er lässt sich befummeln?«

Vereinzeltes Kichern.

»Oh Mann«, stöhnt Simon plötzlich genervt und lässt seinen Kopf auf die Tischplatte fallen. Es rumst ganz schön und ich denke, das muss wehgetan haben, als Simon den Kopf wieder hebt und laut und deutlich sagt: »So viel Dummheit tut echt weh.«

»Du bist mit Carlos' Antwort wohl nicht einverstanden?« Herr Bird bleibt gelassen.

»Nein, bin ich nicht. Die Fummeltante ist doch keine Prostituierte. Sie lässt sich nicht befummeln. Sie trägt geile Fummel! So was wie … das da zum Beispiel.« Simon zeigt auf den Paradiesvogel, der am Whiteboard hängt.

Herr Bird lässt sich vom Pult gleiten und tritt vor das Whiteboard. »Ich persönlich habe ehrlich gesagt nichts gegen das Wort Fummeltante, ich finde es eigentlich sogar ganz hübsch. Eigentlich, sage ich, weil auch dieser Begriff häufig abwertend verwendet wird. Er richtet er sich gegen Männer, die Frauenkleidung tragen. Diese Männer nennt man korrekterweise

Transvestiten. Im Englischen unterscheiden wir übrigens nicht zwischen Fummeltanten und Fummelonkeln. Frauen, die ganz bewusst stereotype Männerkleidung tragen, gibt es natürlich auch. Wir nennen das cross-dressing. Transvestiten schlüpfen also für eine bestimmte Zeit durch das Tragen dieser Kleidung inklusive Make-up in die Rolle des biologischen Gegengeschlechts. Da das mit großem Aufwand verbunden ist«, Herr Bird zeigt jetzt selbst auf den Paradiesvogel, »wie ihr hier sehr schön sehen könnt, möchten die meisten für ihre Arbeit auch bewundert werden. Dazu treten sie in Varietés oder auf Kleinkunstbühnen auf. Dabei kommt es vor, dass im Publikum Menschen sitzen, die von der Darbietung so überwältigt sind, dass sie – obwohl ausdrücklich verboten – zur Erinnerung an diesen wundervollen Abend heimlich ein Foto der Künstler:innen mit nach Hause schmuggeln.« Herr Bird macht eine Pause.

Die ganze Klasse hängt gebannt an seinen Lippen. Als ein kleiner spitzer Schrei plötzlich alle zusammenfahren lässt. »Sind Sie das etwa in echt?!« Cecilia bleibt der Mund offen stehen, während sie abwechselnd den Paradiesvogel und Herrn Bird anstarrt. Der lächelt.

»Nun, manche von euch werden sich jetzt sicher fragen, weshalb ich diesen kleinen Exkurs, der nicht auf dem Lehrplan steht, mit euch unternehme. Zum einen möchte ich euch daran erinnern, dass eure Eltern jährlich eine Fotoerlaubnis unterschreiben, mit der sie das Fotografieren und Veröffentlichen von Bildern aus der Schule, auf denen ihr zu sehen seid, erlauben, einschränken oder verbieten können. Das gilt dem Schutz eurer Privatsphäre. Würde ich mich als Lehrer eigenmächtig über diesen Datenschutz hinwegsetzen, beginge ich eine Straftat. Genauso stellt allerdings das Fotografieren und Verbreiten von privaten Bildern und Daten eines Lehrers oder einer Lehrerin eine Straftat dar. Seid so nett und richtet das euren Eltern aus.«

Ein kleiner Tumult bricht in der Klasse aus. Herr Bird nimmt das Foto vom Whiteboard ab, geht damit zurück zu seinem Pult und drückt noch einmal die Klingel. Dieses Mal dauert es etwas länger, aber dann kriegen sich langsam alle wieder ein. Hinten links rumort es noch ein wenig, als Herr Bird fortfährt.

»Ich bin nicht daran interessiert, dem Vorfall nachzugehen. Im Gegensatz zu anderen Freizeitbeschäftigungen macht mir das nämlich keinen Spaß. Ich bin Lehrer und nicht Polizist geworden. Meine Aufgabe ist es, euch etwas beizubringen. Und das mache ich sehr gerne. Im neuen Schuljahr auch wieder auf Englisch. Bis dahin nehmt ihr euch vielleicht mal Zeit, anderen Menschen ohne Vorurteile zu begegnen. Und jetzt«, er zerknäult das Bild und wirft es lässig in den Papierkorb, »wünsche ich euch schon einmal schöne Ferien. Bye, bye.«

Es ist mucksmäuschenstill, als Herr Bird den Raum verlässt. Und es bleibt so still, bis nach einer Ewigkeit endlich die Glocke läutet. Dann verlassen die anderen Kinder das Klassenzimmer. Ich bleibe. Ich muss nachdenken. Mein Hirn ist verknotet. Da ist definitiv zu viel drin. Vielleicht hat die Frau aus der Bahn recht? Ich denke an die Bullerbü-Twins, die wie verdreckte Kindergartenkinder aussehen und die ihren letzten Cent geben, um Tiere zu retten. Ich denke an Firuz, der aussieht wie ein arabischer Märchenprinz und dann für uns alle am Herd schwitzt. Ich denke an Vivien, die aussieht wie eine Ghetto-Bitch und die neben mir auf dem dreckigen Fahrstuhlboden kniet und meine Hand hält. Und ich denke an den miesen Dieb, der Frau Schnauz und mich beklaut hat und der nicht ungestraft davonkommen soll. Weil das ungerecht und gemein gegen meine Mutter ist, die nur das Beste für mich will und sich doch immerzu Sorgen macht.

Ich ziehe das Bild von Herrn Bird aus dem Mülleimer. Dann krame ich, obwohl es in der Schule ausdrücklich verboten ist, mein Handy aus dem Rucksack und tippe eine Nachricht in den NEUE HEIMAT-Chat: *Heute 14.00 Uhr bei mir in der 1404 zur Lagebesprechung? Ich kann nicht kochen, aber es gibt was zu futtern. Bis nachher. Ich freu mich! Enna*

Alles nach Plan

»Krass!« Die Twins stehen staunend in unserem Wohnzimmer. Und ich bin selbst ein bisschen beeindruckt, was Mama gestern nach Feierabend noch geschafft hat. Bis auf die Bilder und die Deckenlampe ist alles an seinem Platz und eingeräumt. Sogar die Balkonkästen sind schon bepflanzt. Weil ich sie gerade gegossen habe, dufte ich nach Lavendel und Zitronenmelisse. Dann klingelt es. Es ist die große Oper, aber heute steht nicht Frau Lämmerhirte, sondern Vivi vor der Tür.

»Hi, Rich Girl«, sagt sie zappelnd und drückt mir blitzschnell einen Kuss auf jede Wange. »Kann ich gleich mal pissen? Bei uns war besetzt.« Ich öffne ihr ziemlich perplex die Badezimmertür und mache das Licht an. Erleichtert stelle ich fest, dass auch hier alles tipptopp aussieht. Doch als ich schnalle, dass sie die Hosen runterlässt, ohne die Tür zuzuziehen, gehe ich schnell zurück zu den Twins.

»Leute, das war dringend«, stöhnt Vivi aus dem Bad, dann kann ich die Klospülung hören. Und ich finde, heute hört sich das saugende Geräusch gar nicht sooo schlimm an. Zehn Sekunden später steht sie in unserem Wohnzimmer.

»Wow. Ist das alles oder kommt da noch was?« Vivien nimmt ihre Cap ab und dreht sich im Kreis. »Geiler Dancefloor! Aber wo ist der Fernseher?«

»Wir haben keinen.«

»Keinen Fernseher? Was macht deine Mutter dann abends auf dieser geilen Couch? Ohne Fernseher und ohne Mann?«

Vivien lässt sich in die Kissen fallen. »Wow, Samt. Ich liebe Samt! Fühl mal, wie weich der ist, JJ.«

Die Twins streicheln schüchtern das Kissen. Dann klingelt es wieder. Diesmal keine Oper. Für unten hat Mama auf Filmmusik gewechselt. Vivien kennt die. »Kill Bill. Cooler Film.«

Ich nicke, dabei hab ich den Film gar nicht gesehen, denn der ist ab sechzehn. Aber die Musik ist trotzdem gut. Ich gehe zur Sprechanlage und drücke. »Ja bitte?«

»Bitte was?«

»Wer ist da?«

»Na, wer wohl? Drück mal auf, Enna, ich hab meinen Haustürschlüssel vergessen und will nicht erst zu uns rein. Sonst muss ich vielleicht meinen Bruder mitbringen.« Ich drücke. Und lasse die Tür offen stehen. Dann stelle ich im Wohnzimmer die Schüsseln und Schalen auf den Tresen. »Wie gesagt, ich kann nicht kochen. Aber einkaufen, das kann ich.« Jetzt tauen die Twins auf. »Was ist das? Und das?«, wollen sie wissen und probieren dann doch ohne meine Antwort abzuwarten. Ich suche gerade in den Schränken nach Gläsern, als Firuz reinkommt.

»Vielleicht ist der Dieb gar kein Einbrecher, sondern ein Spaziergänger«, sagt er zur Begrüßung. »Lasst ihr die Tür immer einfach so offen stehen?« Aber auch er wartet keine Antwort ab, sondern geht schnurstracks zum Bücherregal und legt den Kopf schief, um die Titel zu studieren. »Hammer!«, murmelt er.

Und Vivien bestätigt: »Oder? So lässt sich arbeiten!«

Sofort ist der Panda wieder bei der Sache. »Genau, dann lasst uns mal loslegen. Ich hab heute nicht ewig Zeit. Also Enna, was ist der Plan?«

Ich versuche mir meine Enttäuschung nicht anmerken zu lassen. Aber Vivien ist empört. »Was soll das heißen? Musst du noch arbeiten? Wir haben jede Menge vor. Die Neue Heimat nimmt heute ihre Ermittlungen auf! Schon vergessen?«

»Natürlich nicht. Aber wenn ich alle meine Jobs absage, fällt das auf. Wir müssen undercover ermitteln. Und uns aufteilen. Also, was haben wir bisher? Enna, kannst du zusammenfassen? Und JJ, kannst du dich setzen? Das macht mich nervös.«

Vivi schmeißt die Kissen von der Chaiselongue auf den Boden und ich hole den Heimtierkalender aus meinem Zimmer.

»Also. Fakt ist: Mein Rad wurde geklaut, und wenn man ihr glauben darf, sind bei Frau Schnauz jede Menge Sachen aus der Wohnung weggekommen. In beiden Fällen wurden die Türen nicht beschädigt, der Dieb muss also entweder einen Schlüssel gehabt haben oder ganz offiziell hereinspaziert sein. Das wiederum bedeutet, er kommt von hier oder hat zumindest freien Zugang zum Haus. Der Schlüssel für den Fahrradraum ist derselbe wie für die Eingangstür unten. Da kämen also alle Hausbewohner:innen infrage. Das sieht für die Wohnung von Frau Schnauz schon anders aus. Sie behauptet, außer ihr hätten nur zwei Menschen einen Schlüssel, nämlich ihre Putzfrau Sonja und unsere Nachbarin Frau Lämmerhirte. Frau Lämmerhirte können wir, glaube ich, ausschließen, sie war entsetzt, als sie von dem Vorwurf hörte. Frau Schnauz ist nämlich ihre beste Freundin.«

»Das hat gar nichts zu sagen«, wirft Vivien ein. »Die beste Freundin meiner Mutter hat sie auch beklaut. Und Mama und Maggie waren so!« Vivi formt mit den Fingern ein Herz.

»Meinst du Maggie Blue Hair?« Mir fällt die Begegnung in der Strandbar ein. Komischerweise dachte ich, dass es bei dem

Streit zwischen den Frauen irgendwie um Männer ging und … Alkohol. »Was hat sie geklaut?«

Vivien verdreht die Augen. »Alles. Das Paradies war Mamas Traum. Die Idee für die Bar war ihre Idee. Sie hat die Pläne gemacht und die Speisekarte entworfen, einfach alles. Nur hatte meine Mutter kein Geld. Und einen Kredit hat sie bei der Bank auch nicht gekriegt. Maggie aber schon. Und *zack,* war meine Mutter raus aus der Nummer.«

»Aber was hat Maggie dann geklaut, wenn deine Mutti kein Geld hatte?« Die Twins stehen auf der Leitung.

»Na, die Idee!«

»Geistiges Eigentum nennt man das«, belehrt Firuz.

»Das kann man klauen?« Die Twins staunen.

»Na logo! Ohne Idee keine Strandbar. Ohne Strandbar keine Kohle. Maggie verdient jetzt richtig Asche. Vorher war sie nur ne kleine Nageltante. Die hatte nicht mal ein eigenes Studio, nur so einen Fußpilzkoffer.«

»Können wir bitte zurück zum Thema kommen?« Dem Panda sträuben sich ganz offensichtlich die Nackenhaare.

»Können wir. Ich glaube, Frau Lämmerhirte kommt als Diebin trotzdem nicht infrage. Denn sie hat ihrer Freundin ja gar nicht geglaubt. Ich war dabei, als Frau Lämmerhirte meiner Mutter erzählt hat, dass Frau Schnauz dement ist und ständig ihr Zeug verlegt, von dem sie dann behauptet, jemand hätte es gestohlen.«

»Dement?« Die Twins sehen mich an. »Heißt das, Frau Schnauz ist dulli-dulli in der Birne?«

»Das heißt vergesslich, verwirrt. Aber wenn ihr mich fragt: Gestern im Fahrstuhl sah das nicht danach aus. Die hatte doch Nerven wie Drahtseile.«

»Na eben!«, hakt Vivien direkt ein. »Warum erzählt ihre angeblich beste Freundin dann so einen Scheiß über sie? Das ist doch voll bitchy!«

»Und könnte ein Ablenkungsmanöver sein«, stimmt auch Firuz zu.

So weit habe ich ausnahmsweise nicht gedacht. »Okay, dann kommt Frau Lämmerhirte auf die Liste der Verdächtigen. Wer noch? Was ist mit dieser Sonja? Putzt sie sonst bei einem im Haus? Wie heißt die weiter? Wohnt die hier? Kennt die überhaupt jemand?«

Allgemeines Kopfschütteln.

»Aber ich kann die Weißhaupts fragen, die kennen fast jeden.« Firuz malt sich mit dem Kugelschreiber ein Kreuz auf den Handrücken.

»Was ist das?«, fragen die Twins unisono.

»Eine Erinnerung.«

»Und die reicht? Musst du nicht aufschreiben, an was du denken sollst?«

»Das fällt mir ein, wenn ich das Kreuz sehe.«

»Krass.«

Ich bin genauso beeindruckt wie die Zwillinge.

»Welche Hinweise haben wir noch?«, fragt Firuz zielstrebig weiter.

»Das Pfandleihhaus. Es kann ein Zufall sein, dass dort massig Dinge im Fenster liegen, die Frau Schnauz vermisst. Es könnten aber auch ihre Dinge sein, die der Dieb dorthin verkauft. Mein Vorschlag: Wir schnappen uns die Gurke von Frau Schnauz und versuchen, sie ebenfalls dort zu verkaufen. So kommen wir in den Laden rein und können checken, ob die

a) überhaupt Räder in Zahlung nehmen und b) … na ja, wir können schlecht fragen, wer das Zeug dort abgegeben hat, aber wir können ein bisschen rumschnüffeln …«

»Nein, das mit dem Rad funktioniert nicht«, unterbricht Firuz mich. »Wir sind nämlich nicht geschäftsfähig. Dazu musst du volljährig sein. Wenn die Inhaber uns das Rad abkaufen, würden sie sich strafbar machen.«

»Vielleicht nehmen sie es ja nicht so genau und machen eine Ausnahme?«, frage ich hoffnungsvoll, aber Vivien und Firuz ziehen beinahe zeitgleich eine Augenbraue hoch.

»Vielleicht sind die ja auch selbst die Diebe?«, sagt Joy plötzlich. Und Jack fügt hinzu: »Immerhin liegt das Diebesgut bei ihnen im Schaufenster.« Die beiden gucken sich an. »Das wäre zwar ein bisschen dumm. Aber so Leute gibt es.«

»Moment mal!« Firuz springt auf und läuft durchs Zimmer. Mit den Händen massiert er sich die Schläfen. »Wir wissen nicht, ob der Fahrraddiebstahl überhaupt etwas mit den angeblich geklauten Dingen bei Frau Schnauz zu tun hat. Es könnten genauso gut zwei verschiedene Täter oder Täterinnen sein. Und außerdem sollten wir erst einmal herausfinden, ob es sich um das geklaute Zeugs handelt, was da im Schaufenster liegt. Dafür müsste Frau Schnauz das erst mal identifizieren.«

»Identitti-was?« Die Twins haben es anscheinend nicht so mit Fremdwörtern.

»Na, die Schnauz muss das Zeug sehen und bestätigen, dass es ihr gehört«, erklärt Vivi, und ich frage laut: »Aber wie soll das gehen? Die kriegen wir doch niemals zu einem Spaziergang überredet. Die verlässt das Haus so gut wie nie.«

»Das Zeug muss her, ganz einfach.« Firuz bleibt stehen.

»Spinnst du? Wenn der Bollerwagen 170 Euro kostet, dann sind alle Sachen zusammen bestimmt ...«, Jack rechnet noch, als Joy bereits »Über tausend Euro wert!« schreit.

Vivien rollt mit den Augen. »Bisschen viel für die Sicherung von Beweismitteln, die eventuell gar keine sind, oder, Firuz?«

»Wir kaufen natürlich nichts. Selbst wenn wir das Geld hätten. Das Risko ist zu hoch. Denn das Zeug ist hässlich. Das kriegen wir wahrscheinlich nie wieder los.«

»Was dann, willst du es etwa klauen?« Vivi grinst.

»Quatsch, wir machen Fotos! Und die zeigen wir Frau Schnauz.«

»Aber die Fensterscheibe war ganz schön verdreckt«, gebe ich zu bedenken.

»Dann machen wir sie sauber! Das ist bestimmt von außen. Wegen der Straße.«

»Du willst am helllichten Tag ein Schaufenster putzen und die Auslage fotografieren?« Sofort muss ich an Herrn Bird denken. »Ist das erlaubt?«

»Warum nicht?« Firuz hat keine Bedenken und die Twins bestätigen ihn. »Solange keine Menschen auf den Fotos sind, ist es nicht strafbar.«

»Aber auch nicht gerade unauffällig.«

»Falls uns jemand fragt, tarnen wir es als Putzaktion von der Schule oder als Nachbarschafts-Challenge, irgendwas in der Art.«

»Echt jetzt? Undercover-Putztrupp, oder was? Dann müssen wir zum Schluss noch die ganze Straße sauber machen.« Vivien ist nicht begeistert. Trotzdem ist sie es, die nach einer kurzen Pause wissen will: »Wer geht?«

»Immer der, der fragt.« Die Twins grinsen.

Aber Firuz schüttelt den Kopf. »Vivi und Enna waren heute schon in der Schule. Die bleiben hier und machen eine Pause. Ich versuche, die Weißhaupts zu erwischen, und frag wegen Sonja. Und JJ, du gehst zum Pfandleihhaus. Hast du Küchenrolle und Glasreiniger zu Hause?«

Joy nickt. Und Jack malt sich zwei Kreuze auf den Handrücken. Aber Joy nimmt ihrem Bruder den Kuli aus der Hand und malt noch ein drittes dazu. »Handy nicht vergessen!«

»Wozu?«, fragt Jack verwirrt.

»Für die Fotos! Das ist unsere Aufgabe. Nicht das Putzen. Stimmts?«

Firuz nickt zufrieden. »Gut, dann treffen wir uns in dreißig, spätestens vierzig Minuten wieder hier. Los gehts!«

Und dann gehen die drei tatsächlich ohne zu murren los. Ich lasse mich neben Vivi auf die Chaiselongue sinken. Und versuche das Unglaubliche, das hier passiert, zu genießen. Dazu muss ich nicht einmal an Katzenbabys denken. Ich bin hier, in der 1404 mit Vivien Zieschank.

Nur leider ist Firuz schon nach zehn Minuten zurück. Ich öffne ihm die Tür, er schlurft schnurstracks zum Tresen und schenkt sich Wasser ein, das er dann ext. Erst danach schüttelt er den Kopf in unsere Richtung. »Nichts. Die Weißhaupts sind im Seniorentreff bei der Sitzgymnastik, da kann ich nicht rein. Die haben eine Regel: Wer stört, muss mitmachen. Ich erledige das also später.«

Vivien erhebt sich von der Chaiselongue, stellt sich hinter Firuz und drückt ihm mit beiden Händen die Schultern nach unten. »Dabei solltest du echt mal Sport machen. Du kriegst langsam selbst so einen Opi-Style.«

Firuz schüttelt Vivis Hände ab. »Was soll das heißen? Ich bin fit!«

»Meine Mutter sagt, wer die Hände beim Gehen auf dem Rücken verschränkt, sieht automatisch aus wie ein Opi. Und irgendwann bekommt er davon tatsächlich einen Buckel«, gebe ich zu bedenken.

»Ach, echt? Ist deine Mutter Ergotherapeutin? Ich dachte, sie spritzt in der Innenstadt reichen Tussen Botox«, bemerkt Vivien spitz.

Kurz fällt mir jetzt die Kinnlade runter. Eins, zwei, drei. Atmen. Dann gehts wieder. »Da bist du schlecht informiert. Und auch ein bisschen naiv. Meine Mutter spritzt gar nichts. Das dürfen in Deutschland nämlich nur Ärzt:innen. Und wäre sie eine, dann ...?« Zur Abwechslung sehe ich Vivien herausfordernd an. Aber sie geht den Gedanken nicht mit, sie fühlt sich provoziert, das kann ich sehen – und hören.

»Dann was?«, blafft es aus ihr heraus und ich mache vorsichtshalber einen Schritt rückwärts.

Doch da schaltet sich der Panda ganz relaxt dazu: »Dann würden sie wohl nicht hier wohnen. Ärztinnen verdienen ziemlich gut. Um nicht zu sagen, sie stehen im Verdienstranking ganz oben. Noch vor Anwälten, Ingenieuren, ITlern oder irgendwas mit Finanzen. Künstler oder Handwerker liegen ganz weit darunter. «

Jetzt sind wir beide baff. Trotzdem juckt es mich. »HandwerkerINNEN im Fall meiner Mutter. Sie quetscht den Leuten die Pickel aus. Mit der Hand.«

Firuz nickt wissend. »Und deshalb gehts euch wahrscheinlich auch richtig scheiße. Denn schlechter als Handwerker verdienen nur Handwerkerinnen. Und in Ostdeutschland verdienen alle am schlechtesten.«

»Woher weißt du das?« Vivien ist misstrauisch. Aber auch neugierig.

»Nachrichten? Zeitung? Instagram?«

»Insta?«

Jetzt blafft Firuz zur Abwechslung zurück: »Ja, Insta. Stell dir vor, da gibt es auch ganz normale, informative Accounts. Man muss seine Zeit nicht mit Beauty Trash und Cat Content verschwenden. Man kann auch was Sinnvolles mitnehmen.«

»Zum Beispiel … was?« Vivien ist ehrlich ratlos. Und Firuz ehrlich angenervt.

»Na, Berufsberatung zum Beispiel.«

»Jetzt? Du hast noch drei Jahre Schule!«

»Oder sechs.«

»Wieso sechs?«

»Wenn ich aufs Gymnasium wechsele und Abitur mache.«

»Wieso willst du Abitur machen?«

»Vielleicht will ich studieren?«

»Wozu?«

»Um den Beruf zu kriegen, den ich will?«

»Welchen willst du denn?«

»Ich bin mir noch nicht sicher.«

»Ach so, aber Abi und Studium, da bist du dir sicher, oder was?«

»Ich will was, das Spaß macht und Geld bringt.«

»Das wollen alle. Spaß und ne fette Villa mit Pool und den Traumjob. Ich lach mich tot.«

»Ich will keine Villa und keinen Pool. Ich würde sogar hier wohnen bleiben, ich mags hier. Aber wenn ich Bock habe, ins Schwimmbad zu gehen, will ich ins Schwimmbad gehen. Und wenn ich verreisen möchte, dann will ich das bald tun und nicht erst Jahre später, wenn meine Kinder ausgezogen sind.«

»Ich dachte, du willst keine Kinder!«, werfe ich ein, um die Stimmung aufzulockern. Und es gelingt mir fast.

»Nee, ich will auch keine. Aber ich will reisen. Und dafür brauche ich Geld.«

Zum Glück klingelt es genau in diesem Moment an der Tür.

Kaum habe ich geöffnet, stürmen die Twins gut gelaunt an mir vorbei ins Wohnzimmer.

»Wir habens!«, berichtet Joy, während Jack am Tresen in die Schüsseln greift, und kramt das Handy aus der Hosentasche. »Wir haben einfach eine kurze Pause von unserem wirklich anstrengenden Job genau vor dem Schaufenster eingelegt.«

»Was für ein Job?«

»Na, der hier!« Jack fächert sich mit einem Stapel Flyer Luft zu. »War meine Idee! Wir haben bestimmt schon zwanzig Stück verteilt! Super-easy.«

»Oh wow!« Firuz guckt auf sein Handy. »Das ist dann ein Euro in dreißig Minuten. Geteilt durch zwei Personen sind das fünzig Cent. Das ergibt einen Stundenlohn von einem Euro für jeden. Da verdient ihr bei acht Stunden Arbeit am Tag – na?«

»Acht Euro?«, kommt es ebenso unisono wie ungläubig von den Zwillingen.

Firuz nickt und sagt zu Vivien: »Das meine ich. Es gibt Jobs, da kannst du 24 Stunden durcharbeiten und kommst doch nie weiter als bis Heidewitz.« Und dann zu mir: »Deshalb haben manche Eltern drei davon.«

Irgendwie geht die Stimmung gerade in den Keller. Vielleicht traue ich mich auch deshalb nicht, die Fotos anzusprechen. Aber Vivien, die Joy das Handy neugierig aus der Hand reißt, hat da keine Bedenken. »Was ist das denn? Das ist doch Kacke!«

Erstaunlicherweise wissen die Twins gleich, worum es geht. Sie können mir nicht in die Augen sehen. »Ein bisschen dreckig war das Fenster tatsächlich«, gibt Jack zu.

»Aber auch von innen!«, pflichtet ihm Joy bei.

»Ja und?«

»Deshalb sind wir reingegangen.«

»In das Pfandleihhaus?«

Die Twins nicken.

»Um das Fenster zu putzen?«

Die Twins schütteln den Kopf. »Wir hatten doch keinen Glasreiniger mehr zu Hause. Deshalb die Idee mit den Flyern. Jack wollte den Mann mit den Flyern ablenken und ich fotografieren.«

»Aber?«

»Der hat uns sofort wieder rausgeschickt. Weil – wartet, weil ein Pfandleihaus nämlich wie ein Kreditinstitut, also eine Bank, ist und da muss man achtzehn sein oder mit seinen Eltern kommen. Sonst darf man da gar nicht rein.«

»Aber Flyer abgeben darf man?«

»Ja schon, aber der Besitzer kannte Ronny und war nicht so gut auf ihn zu sprechen. Es hat jedenfalls nicht gereicht, um ihn abzulenken.«

»Und deshalb haben wir das Bild dann doch von draußen gemacht. Mit dreckiger Scheibe.«

»Ich glaube, es liegt nicht am Schaufenster. Ich glaube, du brauchst einfach mal ein neues Handy, JJ. Die Kamera ist Schrott.«

Die Twins zucken niedergeschlagen mit den Schultern.

»Okay!«, übernehme ich nach einem Blick auf den Bildschirm. »Das Bild ist nicht wirklich zu gebrauchen. Und wer weiß, ob ein anderes Handy ein besseres macht. Also Planänderung. Wir brauchen jemanden, der für uns ins Pfandleihhaus geht. Jemand der ü-achtzehn ist. Der keine Fragen stellt und der für uns etwas dort kauft, nur eine Kleinigkeit. Und eigentlich brauchen wir sogar zwei. Einen für den Kram aus dem Fenster. Und einen, der versucht, das Rad von Frau Schnauz zu verkaufen.«

»Wieso kann das nicht derselbe machen?«, will Vivien wissen.

»Weil das auffällt?«

»Das fällt sowieso auf. Ich kenn niemanden, der das Zeug aus dem Fenster kaufen würde.«

»Wir brauchen also jemanden, der …«

»Wir brauchen Tobi!« Die Twins sind wieder unisono unterwegs. Und schlagartig gut gelaunt.

»Bei dem fällt nichts auf.«

»Er ist, wie er ist.«

»Er zieht sich komisch an.«

»Er macht komische Sachen.«

»Und die Leute mögen ihn trotzdem.«

»Okay, das stimmt«, gibt Firuz zu. »Könnt ihr das organisieren, möglichst heute noch?«

Die Twins nicken.

»Und was soll er kaufen, Enna?«

»Ich denke, am besten ist das Porzellan! Da standen zwei Sammeltassen mit Untersetzern im Fenster. Frau Schnauz hat gesagt, sie hat nicht mehr alle Tassen im Schrank. Sammeltassen aus einer Serie haben dasselbe Muster, das kann man also zuordnen.«

»Okay, was denkst du, wie viel werden die kosten?«

»Fünfzig Euro – wenn wir Glück haben.«

»Fünfzig Euro?!«

Wieder diese erstaunten Blicke von allen.

»So siehts aus. Tobi soll verhandeln. Er soll sagen, mehr hat er nicht.«

»Das könnte ein Problem werden.« Die Twins zögern.

»Warum?«

»Tobi kann nicht lügen. Er sagt immer die Wahrheit. Zumindest wenn man ihn danach fragt.«

Ich muss sofort an die Begegnung im Paradies denken. Als Viviens Mutter ihn fragte, warum er gehen muss, und Tobi antwortete, er dürfe seine Serie nicht verpassen. So hart kann die Wahrheit sein. Manchmal ist es besser, sie nicht zu hören. Für einen selbst besser.

»Er muss nicht lügen. Er kriegt nur fünfzig mit. Moment …« Ich gehe in mein Zimmer und hole die Geldkassette, aus der ich zehn Fünfer abzähle.

Die Twins kriegen Stielaugen. »Ist das alles deins?«

Mist. Unangenehm.

»Nein, also ja, also eigentlich gehört die Kassette meiner Oma.«

»Und uneigentlich?« Auch Firuz ist neugierig.

»Meine Oma ist … tot. Und ich hab die Kassette geerbt.«

»Mit dem ganzen Geld?«

»Es sieht mehr aus, als es ist. Es sind bloß Fünfer. Meine Oma hat die gesammelt. Immer, wenn ein Fünfer reinkam, hat sie den weggelegt.«

»Wozu?«

»Am Ende jeden Jahres hat sie das Geld für einen guten Zweck gespendet. Das steht jedenfalls auf der Liste, die hier drinlag. Uns hat sie nichts davon erzählt. Und das letzte Jahr … na ja, das Geld ist halt noch hier.«

»Und was machst du jetzt damit? Spendest du auch?«

Ehrlich gesagt habe ich daran bisher noch keinen Gedanken verschwendet. Ich weiß nicht mal mehr, wie viele Fünfer es sind. Aber wenn ich das zugebe, bleibe ich wahrscheinlich für immer das Rich Girl. Und ich weiß nicht, ob mir das gefällt. Deshalb antworte ich: »Ich investiere. In die Neue Heimat. Stellt euch einfach vor, wir haben eine Firma gegründet und ihr beauftragt heute den ersten Firmeneinkauf.«

»Die Sammeltassen?«

»Die Sammeltassen!«

»Okay. Und was ist mit dem Rad von Frau Schnauz? Wer macht sich damit auf den Weg? Los, Leute, wir müssen vorwärtskommen!« Firuz drängelt.

»Wie wärs mit Bernd?«, schlägt Vivien vor. »Er ist ü-achtzehn und macht das bestimmt. Er ist zwar auch tätowiert, aber er sieht netter aus als Ronny. Außerdem kann er small talken. Wenn die Leute vom Pfandleihhaus was zu verbergen haben, er findets raus.«

»Okay, Vivi, kannst du das dann übernehmen?«

Vivi nickt. »Ich kann ihn abfangen, wenn er gleich mit Lenny von der Kita kommt.«

»Was steht noch für heute auf dem Plan, Enna?«

»JJs Wohnung. Als Erstes muss der Müll weg. Das kann ich übernehmen, wenn ihr mir den Schlüssel gebt. Und dann brauchen wir eine Lösung für die Ratten. Eine, die nichts mit einer Klospülung zu tun hat. Jemand ne Idee?«

Alle denken angestrengt nach. Über den Balkon weht Kinderlachen zu uns rein und wir können hören, wie unten Bälle gegen das Gitter vom Sportplatz geschossen werden. Ich mag das Geräusch. Und den Platz. Nicht mal vier Wochen ist es her, dass ich das Pufferjackenmädchen dort zum ersten Mal gesehen habe, und jetzt liegt Vivien Zieschank bei mir in der 1404 auf der Chaiselongue. Aber da ist auch noch ein anderes Geräusch.

»Hört ihr das?«

Vivien richtet sich auf und lauscht. »Das kommt aus der Wohnung. Ich glaub …« sie erhebt sich und geht langsam Richtung Flur, »du hast die Sprechanlage nicht ausgeschaltet, Enna!«

Ich gehe ihr nach und tatsächlich leuchtet der Knopf neben dem Drücker immer noch orange. Und im Aquarium regt sich gerade eine Männerstimme darüber auf. »Ist doch nicht zu fassen! Ich hol jetzt den Frydetzki, der soll das Ding endlich reparieren, die Tür blockiert schon wieder.«

Eine Frauenstimme antwortet: »Ich geh schon mal hoch, Kurti. Aber erinnere ihn dann gleich mal an den neuen Briefkastenschlüssel. Bezahlt hab ich den schon!«

Wir hören es rauschen und dann nur noch entfernte Stimmen. Doch gerade als ich den Lautsprecher ausschalten will, dröhnt uns eine Stimme so laut entgegen, dass ich zurückzucke.

»Guten Tag, Frau Sennheiser, das sieht aber schwer aus. Sollen wir ihnen was abnehmen?« Die Antwort ist zu leise, um sie zu verstehen. Ein Schlüsselbund rasselt, dann wieder die Stimme. »Ist doch gar kein Problem, machen Sie langsam. Wir tragen Ihnen die Taschen auch bis in die Küc…« Es gibt einen Rums, dann ist Stille.

Jetzt drückt Vivi den Knopf und die Lampe geht aus. Hinter uns räuspert sich Firuz. »So, ihr Spürnasen. Was lernen wir aus diesem Zwischenfall?«

»Das ich noch keinen Schimmer habe, wie diese Anlage funktioniert?«

»Das auch.« Firuz wippt ungeduldig mit dem Fuß.

»Dass die Topinke-Brüder dir gerade deine Ich-trage-alten-Omas-die-Taschen-Jobs wegschnappen?«

»Das heißt, dass die auch in die Wohnungen kommen. Und zwar ganz offiziell.«

»Du meinst, die sind verdächtig?«

»Das müssen wir rausfinden.«

»Und wie?«

Firuz' Augen leuchten. »Über die Anlage! Wir hören das Aquarium ab. Gleich morgen früh fangen wir an. Die meisten von den Alten gehen morgens einkaufen, wenn es noch nicht so warm ist.«

»Aber morgen ist Schule!«

»Nicht für JJ und mich. Wir haben offiziell Homeschooling. Auf dem Unterrichtsplan für morgen steht jetzt also: Observierung.«

»Und was ist mit dir, Vivi? Machst du auch mit?«, fragt Joy, die mit Jack in der Tür zum Flur steht.

Kurz überlege ich, zum ersten Mal in meinem Leben zu schwänzen und mich stattdessen mit Vivien vor unserer Sprechanlage zu verabreden. Aber die hebt abwehrend die Hände.

»Auf keinen Fall. Wenn ich blaumache, dann flieg ich von der Schule.«

»Seid ihr denn nicht in einer Klasse?«

»Nee, nicht mehr. Ich dreh ne Ehrenrunde.«

Plötzlich klingelt es. Jetzt der arabische Style. Automatisch gucke ich auf die Sprechanlage. Aber da leuchtet nichts.

»Das ist mein Wecker.« Firuz kramt sein Handy aus der Tasche und schaltet den Ton aus. »Ich muss los, Leute, Hunderunde. Weiß jeder, was er zu tun hat?«

Nicken. Firuz ist schon an der Tür. Da fällt mir ein: »Warte mal, wann und wo sehen wir uns wieder?«

Firuz überlegt. »Heute Abend? Gegen acht? Dann bin ich durch.«

»Und wo? Bei Jack und Joy oder … bei mir?«

»Hier!« Der kam unisono.

Joy drückt mir ihren Schlüssel in die Hand und schlüpft hinter den Jungs aus der Tür. Vivien geht noch mal aufs Klo. Dieses Mal mit geschlossener Tür.

»Weißt du, was mir aufgefallen ist, Enna? Du hast …«, die Klospülung dröhnt und gleich danach geht die Tür auf, »heute noch nicht einmal Scheiße gesagt.«

Ich glaube, ich werde rot. Ich werde rot. Verdammte Katzenbabys, wo seid ihr hin, wenn man euch braucht?

Vivien grinst mich an. »Also wegen mir musst du dir das nicht verkneifen. Ich find das süß!« Sie wirft mir einen Handkuss zu und verschwindet.

Mütter

Zuerst fühlt es sich komisch an, alleine bei fremden Leuten in der Wohnung zu sein. »Hallo?« Vorsichtig luge ich ins Wohnzimmer, ob auch wirklich niemand da ist. Und tatsächlich ist jemand da. Für einen Augenblick starren mich die Knopfaugen des Kaninchens durch die Gitterstäbe seines Käfigs an, der auf dem Esstisch thront, und fast genauso groß wie dieser ist. Dann mümmelt es genüsslich weiter an seinem Salat. Also gehe ich als Nächstes zum Badezimmer und schiebe behutsam die Tür auf, die nur angelehnt ist. Minka in der Dusche öffnet müde die Augen, um sie gleich darauf wieder zu schließen. Ihr dicker Bauch hebt und senkt sich langsam und gleichmäßig. Leise schließe ich die Tür. Und dann traue ich mich. Nicht gleich in die Höhle des Löwen, sondern zuerst ins Schlafzimmer von Herrn Palaske. Das, wenn ich es richtig verstanden habe, die letzten Monate als Mauersegler-Auffangstation gedient hat, weshalb Herr Palaske mit seiner Schlafcouch ins Wohnzimmer gezogen ist. Ehrlich gesagt habe ich keine Ahnung von Vögeln. Aber irgendwie erwarte ich was Zombiemäßiges, so mit Federn und Vogelscheiße überall. Aber – surprise, surprise! – das Schlafzimmer des Polizisten sieht aus wie das Lager eines Schuhladens und es müffelt nicht mal nach Käsefüßen. Auf dem Boden stehen säuberlich aufgereiht eins, zwei, drei, vier, fünf …. 47 Schuhkartons mit Luftschlitzen und Deckeln. Sonst nichts.

Es gibt noch eine Kommode, auf der liegen zwei Küchenrollen, Pipetten und eine leere Tragebox für Heimchen. An einer Wand hängt ein goldgerahmtes Foto. Kein echtes Gold natürlich. Es zeigt die strahlenden Twins in sehr jung mit – ihren Eltern, schätze ich. Von Mutti haben sie wahrscheinlich die Haarfarbe geerbt. Und von Vati die Freundlichkeit? Wenn das Herr Palaske ist, dann sieht er jedenfalls ziemlich nett aus und hat sicher nichts dagegen, wenn ich sein Schlafzimmer aufräume.

Ich öffne einen der Kartons, aber es liegt nichts drin, außer zwei Blatt Küchenpapier und eine winzige Feder. So ähnlich sieht es auch in den anderen 46 Kartons aus. Das wird also ein Kinderspiel.

Beim Kinderzimmer dagegen brauche ich schon zwei Anläufe, um es nur zu betreten. Denn der Gestank ist einfach zu bestialisch. Oder bin ich zu empfindlich? Erst als ich mir mein T-Shirt fest auf die Nase presse, gehts einigermaßen. Tür auf, rein, Tür zu. Und wieder surprise! In diesem Zimmer stehen gar keine Möbel. Und es liegen auch keine Sachen herum. Jedenfalls keine für Menschen. Kein Wunder also, dass das Wohnzimmer damit so vollgestopft ist. Im Kinderzimmer haben die Twins so was wie ein Ratten-Disneyland gebaut. Der Fußboden ist ausgelegt mit Pappen, Rindenmulch, Sand, Streu und Playmais. Darauf ist ein Tunnellabyrinth aus Klo- und Küchenrollen installiert, außerdem Hängebrücken, Leitern, Laufräder, Häuschen und Schlafnester. Eine Salatschüssel dient als Badebassin und, und, und … mir wird ganz schwindelig vom Anblick des Spielplatzes, dem Gewusel der Ratten und dem Gestank. Reicht. Um zu wissen, das hier ist artgerechte Tierhaltung. Nur leider nicht artgerechte Menschenhaltung.

Ich mache die Tür hinter mir zu und beschließe, sie auch nicht wieder zu öffnen, bevor nicht der Rest der Wohnung tipptopp ist.

Und dann stelle ich mir vor, bei Ronnys Entrümpelungsservice zu arbeiten, und das hilft. Ich stelle die Playlist von unserem Umzug an und mit Mamas Frauenpower komm ich in Fahrt. Als Erstes das Schlafzimmer. Ich sammele die Küchenpapiere und Federn in einer Tüte, zerkleinere die Schuhkartons und lege beides in die zwei Umzugskartons, die ich mitgebracht habe. Dann geht es mit dem Fahrstuhl runter. Und meine Tarnung funktioniert. Niemand spricht mich auf die zwei Umzugskartons an. Niemand will von mir wissen, was ich da transportiere. Und das für die nächsten zwei Stunden. Die ich ununterbrochen hoch- und runterfahre, um die Mülltonnen randvoll zu stopfen, während es oben immer luftiger wird. Einmal muss ich mich beeilen, weil der Hausi mit seinem Werkzeugkasten um die Ecke läuft, und einmal, weil eine Frau kommt, die verdächtig nach Mama aussieht. Ich verstecke mich im Treppenhaus und während die Frau den Fahrstuhl nimmt, schreibe ich Mama eine Nachricht, dass ich noch mit meinen neuen Freund:innen unterwegs bin.

Echt?, schreibt Mama zurück. *Freund:innen von hier? Lerne ich die auch mal kennen? Ich komme gerade nach Hause.*

Ich antworte: *Heute um acht sind wir bei uns. Können wir Pizza bestellen?* Knutschmund. Zwinkersmiley. Mama schickt mir eine Sonne zurück.

Ich putze die Fenster in Herrn Palaskes Schlafzimmer und die vom müllfreien Balkon. Und weil ich gerade dabei bin, wische ich noch die Böden. Dann mache ich mich an die Küche. Ich räume das saubere Geschirr aus der Maschine und stelle dreckiges rein, schrubbe die Arbeitsfläche und wische den leeren Kühlschrank, bis er glänzt. Mamas Playlist nervt inzwischen. Eine Frau singt ernsthaft »Weihnachten gibts neue Männer«. Ich mach aus. Und beschließe, das ist genug für heute. Zurück zu Plan a und meinem Fahrraddieb. Doch gerade als ich mich vom Kaninchen verabschieden will, höre ich Minka maunzen. Oder eher ein Jammern, das aus dem Badezimmer kommt. Nein. Es ist ein Schreien. Und es hört sich schrecklich an. Ich krieg sofort ein megaschlechtes Gewissen, weil ich die Tür zugemacht habe. Sicherheitshalber, damit mir die Katze bei meiner Müllaktion nicht entwischt. Und beinahe hätte ich sie vergessen. Ich hab sie vergessen. Ich hab die Katze vergessen.

»Scheiße!« Ich sprinte zum Bad. »Ich komme ja, alles ist gut, ich bin hier, ich mach wieder auf, keine Angst, Minka, meine Süße, ich bin ja da, ich helfe dir, ich …«

Aber Minka hilft sich schon selbst. Das Baby kommt raus. Oh mein Gott! Was muss ich jetzt tun? Muss ich was tun? Ich setze mich neben Minka auf die kühlen Fliesen und streichele der Katze über den Kopf. Und dann macht es *Plöp!* Ganz sachte seilt sich das Etwas zwischen Minkas Hinterpfoten auf die Decke in der Dusche ab. Es sieht aber nicht aus wie ein Katzenbaby. Es sieht aus wie ein Schleimklumpen. Und es bewegt sich nicht. Oh mein Gott, ist es tot? Jetzt dreht Minka sich zu dem Klümpchen um, das aus ihr rausgeplumst ist und … frisst sie das auf? Oh mein Gott, sie frisst ihr Kind auf! Oder was macht sie da? Sie frisst den Schleim auf. Natürlich, das ist die Fruchthülle und die Nabelschnur? Ist das die Nabelschnur? Ich googele *Nabelschnur & Katzen* und ja, so sieht es aus. Und ja, das Klümpchen bewegt sich. Es lebt! Hurra! Aber was ist das?

Igitt! Igitt? Die Nachgeburt, okay. Die Nachgeburt dürfen Katzen fressen. Das ist normal, vollkommen normal. Und gesund. Hier steht, es verhindert, dass Feinde angelockt werden.

Eins, zwei, drei, atmen, atmen, atmen. Alles wird gut.

Ich sehe zu, wie die Katze das Klümpchen putzt. Sie putzt und putzt und hört gar nicht mehr auf. Und so langsam erkenne ich auch was. Oh krass, ist das niedlich.

Ein Katzenbaby.

Jetzt kann ich lächeln. Und wieder atmen.

Mein Handy vibriert.

Wir sind fertig, schreiben die Twins: *Wollen wir uns jetzt schon treffen? Und gibts bei dir noch was zu essen, Enna?*

Hunger hab ich zwar keinen. Aber fertig bin ich auch. Deshalb schreibe ich: *Ja.*

Ich schließe die Wohnungstür auf und laufe Mama in die Arme. Sie sieht verwirrt aus.

»Hallo, Mama.«

»Enna? In deinem Zimmer sitzen zwei … zwei sehr blonde Kinder, die sagen, ihr seid zum Kaffeetrinken verabredet. Sie haben sogar ihre Tassen mitgebracht. Wo kommst du überhaupt her? Und wie siehst du aus? Warst du im Zirkus? Du … du stinkst nach Tier.« Mama schnappt nach Luft.

Die Klingel geht. Oper. Ich reiße die Tür auf. Lässig wie eine Diva lehnt Vivien im Türrahmen und fächert sich mit zwei Hundertern Luft zu. Als sie Mama sieht, steckt sie die Scheine blitzschnell in ihre Pufferjacke, nimmt die Cap ab, macht sich gerade und streckt Mama die Hand entgegen. »Hallo, Frau Rich, ich bin Vivien. Ennas Freundin.«

Sie hat Freundin gesagt.

»Geh schon mal in mein Zimmer, ich komm gleich.« Ich schiebe Vivien an meiner völlig überforderten Mutter vorbei, schließe die Tür und hole Luft. Doch bevor ich was sagen kann, klopft es.

»Ficken!«

»Enna? Es klopft an der Tür.«

»Das wird Firuz sein.«

Und er ist es.

»Guten Abend, Frau Rich.«

»Die anderen sind schon da.« Meine Blicke senden Hilferufe. Und Firuz kapiert.

»Ich hoffe, wir stören nicht, Frau Rich. Meine Mutter kann es gar nicht leiden, wenn sie von der Arbeit kommt, und die Bude ist belegt. Wenn Sie wollen, können wir auch wieder runtergehen. Es ist nur so warm und da dachten wir …«

»Dass wir ne Pizza essen könnten. Oder Kaffee trinken. Oder …«

»So was in der Art. Aber das muss auch nicht sein.« Firuz lächelt. Und meine Mutter entspannt sich langsam.

»Nein, nein, schon gut«, wehrt sie ab. »Mir macht das nichts. Komm rein, kommt alle rein. – Kommen da noch mehr, Enna?«

»Nein, das wars.«

Firuz zieht seine Schuhe aus und stellt sie ordentlich neben die Wohnungstür.

Mama ist schon auf dem Weg in die Küche und wir fast an meiner Türklinke, als sie sich noch einmal zu uns umdreht. »Wollt ihr wirklich Kaffee?«

»Lieber Wasser, Frau Rich.«

»Aber das Mädchen, einen Tee vielleicht? Sie scheint zu frieren ... ihre Jacke ...«

»Das ist Style, Mama!«

»Meint sie Vivi?« Firuz sieht mich an, ich nicke.

»Aber draußen scheint die Sonne. Schwitzt sie denn gar nicht in dem Ding? Ich bin ja schon in meiner dünnen Bluse klatschnass.«

»Mama!«

»Ich glaube, Vivien braucht keinen Tee, Frau Rich. Sie braucht höchstens was zu futtern. Sie hat kein Gramm Fett. Und damit auch nichts, was sie warmhält. Daher die Jacke. Und – Style natürlich«, pflichtet mir der Panda bei.

Mama nickt, sieht aber nicht überzeugt aus.

Schnell schiebe ich Firuz in mein Zimmer. Dort räkelt sich Vivien in ihrer Pufferjacke auf meinem Bett und die Twins strahlen uns vom Fußende aus an.

»Vivi hats geschafft! Sie hat 200 Euro für die Gurke gekriegt. Zeigs mal, Vivi, zeigs ihnen!«

Vivi lacht und wedelt mit den Scheinen. »200 Euro, Leute, ich bin jetzt rich.«

Firuz lässt sich in den Schaukelstuhl fallen. Er sieht plötzlich ziemlich geschafft aus. Und er spricht auch so: »Schön, aber das Geld gehört nicht dir, sondern Frau Schnauz. Dein Auftrag war es, den Konopka dazu zu kriegen, für uns etwas über den Laden rauszufinden und das ...«

»War ganz einfach«, unterbricht Vivi ihn und klettert aus meinem Bett. Dann spricht sie weiter wie eine Fünfjährige. »Ich war nämlich selbst drin. Zusammen mit meinem Bruder und mit meinem Papa.«

»Mit wem?«

»Na mit Bernd, ihr Nasen! Ich hab doch gesagt, der ist in Ordnung. Der hatte sogar richtig Spaß an der Nummer. Und Lenny erst, der ist voll das Naturtalent. Wir waren die perfekte Family. Bilderbuch. Zuerst haben wir das DDR-Diamant-Rad von Tante Erika verkauft, die leider, leider kürzlich verstorben ist. Dann hatte Papa die Idee, mir ein neues, schickes Rad zu kaufen, aber leider, leider führen die so was nicht. Schickimicki-Neuware, nein, nur Original-Schrott bitte, tut uns leid. Und dann musste mein Bruder mal ganz dringend aufs Klo, und weil ich die liebste Schwester der Welt bin, hab ich ihn begleitet und mich Backstage gleich mal umgesehen und da …«

»Mach es nicht so spannend!« Die Twins haben ganz rote Wangen.

»Nichts.«

»Wie – nichts?« Firuz stoppt den Schaukelstuhl und Vivi lässt sich zurück auf mein Bett plumpsen. Jetzt ist sie wieder zwölf.

»Na nichts. Die verkaufen keine neuen Räder. Und kaufen auch keine an. Da drin siehts aus wie in einem Museum. Verstaubtes Zeug, verstaubtes Paar. Zwei Typen, bestimmt siebzig, echt nett, haben den Laden schon seit Ewigkeiten. Das meiste kriegen sie von Entrümpelungen nach Todesfällen – so wie bei Tante Erika. Nur manchmal kommen Leute, die Geld brauchen. Aber die beiden meinten, das sind nicht die Alten, denn die haben noch ne ganz gute Rente, sondern eher die Jungen. Und die haben nur billigen Schrott, den sie nicht mal auf dem Flohmarkt loswerden.«

»Das alles haben sie dir erzählt?«

»Mir doch nicht! Meinem Papa. Wir waren bestimmt ne Stunde in dem Laden. Ich glaube«, Vivi kichert, »die fanden den Bernd irgendwie hot.«

»Also Tobias fanden sie nicht hot. Der ist rein und wieder raus. Das hat nicht mal zwei Minuten gedauert.« Joy klingt enttäuscht.

»Sie wollten bloß seinen Ausweis sehen. Und das Geld.« Jack zeigt auf die Tassen auf meinem Schreibtisch und zuckt bedauernd mit den Schultern. »Fünfzig Euro.«

Firuz stößt sich mit den Füßen ab und schaukelt mit neuem Schwung los. »Okay, dann fassen wir zusammen: Ennas Rad hat der Dieb dort nicht verkauft. Und ob die Sachen wirklich Frau Schnauz gehören, wissen wir erst, wenn sie die Tassen gesehen hat. Die zeigen wir ihr morgen Nachmittag, wenn wir ihr die 200 Euro vorbeibringen. Hab ich was vergessen, Enna?«

»Wie alt sind die Topinke-Brüder?«

»Vierzehn oder fünfzehn, wieso?«

»Na, überlegt doch mal, wenn die nicht volljährig sind, können die die Ware nicht verkauft haben. Zumindest nicht an den Laden. Überhaupt fallen Kinder damit weg.«

»Wenn es überhaupt das geklaute Zeug ist. Aber das finden wir morgen raus. Für heute können wir Schluss machen.«

»Nein, stopp mal!« Mir geht das hier alles zu schnell. »Wir haben irgendwo einen Denkfehler. Die Frage ist doch, warum Tobi seinen Ausweis zeigen musste. Er ist ü-achtzehn und hat nicht gerade einen Goldklumpen gekauft. Warum dann der Ausweis?«

»Er muss den dauernd zeigen.«

»Das ist so, wenn die Leute einen komisch finden.«

»Dann brauchen sie das schriftlich.«

»Was brauchen sie schriftlich?« Ich stehe auf dem Schlauch.

»Na, dass er behindert ist und nicht besoffen.«

»Ficken!«

Kurz ist verlegene Stille.

»Der Bernd musste seinen Ausweis auch zeigen«, sagt Vivi dann. Es klingt entschuldigend. Und macht mich wütend.

»Ja klar, aber nicht weil er behindert ist. Sondern weil er das Rad verkauft hat. Das ist normal, dass es einen Kaufvertrag gibt, jedenfalls bei größeren Summen.«

»Dem Tobi macht das nichts, ehrlich, Enna.«

Mir aber schon, das ist Behinderten-Bashing. Denke ich. Sage aber: »Und was ist mit dem Entrümpelungsdienst? Gibt es hier noch einen anderen außer den vom Tod?«

»Von wem?«

»Na, der Tätowierte.«

»Der Tätowierte heißt Ronny. Und seinen Entrümpelungsdienst gibt es noch gar nicht. Den gibts erst, wenn wir die restlichen 9.980 Flyer verteilt haben.« Firuz gähnt und will aufstehen. Was gar nicht so leicht ist, wenn es unter einem schaukelt. Draußen klingelts. »Apropos Ronny. Ich hab vielleicht jemanden für deine Ratten gefunden, JJ. Hinten auf der Endestraße, noch ein Stück weiter als die Tanke, gibts ein Tattoo-Studio und die Aysa, das ist die Besitzerin, ist interessiert. Ich hab gesagt, wir kommen die Tage mal zusammen vorbei und gucken uns das an, von wegen artgerecht. Wenn das dann für dich klargeht, holt sie die ab.« Firuz dreht sich an der Tür noch mal um. »Hast du oben ein bisschen was geschafft, Enna? Damit die uns nicht in Ohnmacht fällt?«

»Scheiße! Scheiße! Scheiße! *Toktoktok.*«

Es klopft. Und hinter Firuz geht die Tür auf.

»Pizzaservice!«, ruft Mama. »Ich hoffe, ihr habt Hunger!«

Die Twins springen auf und nehmen Mama die Kartons, eine Flasche Wasser und die Küchenrolle ab.

»Danke, Frau Rich!« Joy verteilt das Papier von der Rolle. Und bei dem Anblick wird mir ein bisschen schlecht.

Eins, zwei, drei, atmen, lächeln, Katzenbabys.

»Also ich … ich hab geputzt. Und Kartons weggebracht und die Mülltüten und dann … dann war ich dabei, als Minka ihr Baby gekriegt hat.«

Es dauert ein bisschen, bis die Nachricht ankommt. Bei Vivien zuerst. Aber die isst auch nicht. »Echt jetzt? Minka hat geworfen?« Ich nicke. Jack stopft sich ein Pizzastück in den Mund, wischt sich die Finger ab und springt auf. Er guckt mich erwartungsvoll an und da von mir nichts weiter kommt, macht er merkwürdige Gesten und sagt was, aber ich verstehe kein Wort, weil sein Mund zu voll ist.

Joy schnappt sich noch ein Stück Pizza und steht dann auch auf. Anders als Jack ist sie gelassen. Sie zeigt auf ihren Bruder und dolmetscht: »Er will wissen, wie es Minka geht.«

»Gut. Gut, glaub ich. Sie sah … gut aus. Hat gefressen. Das ist doch ein gutes Zeichen, oder nicht?« Ich erzähle jetzt lieber nichts von der Nachgeburt. Auch wenn Jack das wohl gerne hören will, denn er rudert immer noch mit den Händen.

»Er fragt, wie viele.«

»Wie viele was?«

»Katzenbabys.« Joy beißt in ihre Pizza.

»Na – eins?«

Jetzt kaut keiner mehr. Alle gucken mich an.

Joy hustet. Und schluckt. »Wie eins?«

Scheiße, was ist falsch daran?

»Reicht das nicht?« Hilfe suchend sehe ich zu Vivien. Wir Einzelkinder müssen zusammenhalten. Aber Vivi schüttelt den Kopf.

»Nein, Enna, das reicht nicht. Katzen kriegen nicht nur ein Kind.«

Firuz? Er ist doch der Schlaumeier. Aber auch der schüttelt den Kopf.

»Aber … aber, ich hab nur eins gesehen.«

Jack stürmt aus dem Zimmer, Joy hinterher, Firuz' Schuhe verklemmen sich hinter der Wohnungstür, als Jack die aufreißen will. Die geht nicht ganz auf. Jack flucht. Mama kommt mit dem Telefon am Ohr aus ihrem Zimmer.

»Was ist los, seid ihr schon fertig mit Essen?«

»Sorry, Frau Rich, wir müssen los, oben wird vielleicht unsere Hilfe gebraucht.« Vivien schüttelt Mama stürmisch die Hand.

»Hilfe? Wobei? Soll ich mitkommen?« Mama lässt den Arm mit dem Telefon sinken.

»Auf keinen Fall!« Zum ersten Mal sehe ich, wie Firuz panisch wird. »Ich meine, das ist wirklich nicht nötig, Frau Rich. Ist ja nur eine Geburt. Und Mütter kriegen das in der Regel alleine hin, nicht wahr?«

Mama ist sich da anscheinend nicht so sicher.

Und ich auch nicht.

Uschis

Heute kann ich mich in der Schule nicht konzentrieren. Niemand kann das, denn bald sind Sommerferien. Keiner weiß, was wir hier eigentlich noch machen. Alle sind kurz vorm Durchdrehen. Deshalb hat Frau Laske beschlossen, dass wir in Ethik einen Film gucken. Dieser Film soll uns zum Nachdenken anregen. Darüber, wie wir uns gegenüber Menschen verhalten, die von der Natur benachteiligt wurden.

Die Ersten kichern schon, bevor der Film anfängt.

Es geht um einen Jungen, der eine supertolle Familie und einen seltenen Gendefekt und dadurch einen deformierten Kopf hat. Deshalb trägt er immer so eine Art Astronautenhelm. Aber in der neuen Schule darf er das nicht. Und deshalb wird er dort auch richtig krass gemobbt. Bis er dann doch Freunde findet, die sich für ihn starkmachen, blablablubb. Denn zum Schluss gibts natürlich ein Happy End und eine Ehrenmedaille und was weiß ich nicht noch alles. Ich kenn den Film. Der ist schon alt. Wir haben den im Kino gesehen. Wir drei. Damals. Happy Family.

Im Klassenzimmer sitze ich alleine in der letzten Reihe und gucke mich um. Ich habe keinen deformierten Kopf. Vielleicht liegts daran? Ich hole mein Handy raus. Genauso verboten wie der Astronautenhelm. Aber hey, ich bin auch behindert.

»Ficken!«

Annika dreht sich zu mir um. Ich grinse blöd und zwinkere ihr zu, bis sie sich zurückdreht. Endlich! Nachrichten und

Katzenvideos im Neue-Heimat-Chat. Wer braucht da schon Happy Family. Yeah!

JJ: *Klümpchen, Purzel, Kratzer. Da sind sie.*♥♥♥
Firuz: *Jungen oder Mädchen?*
JJ: *Keine Ahnung.*
Firuz: *Guck nach!*
JJ: *Das sieht man nicht. Das dauert vier Wochen, mindestens.*
Firuz: *Dann lass die nicht raus!*
JJ: *Hä?*
Firuz: *Die dürfen auf keinen Fall Babys machen.*
JJ: *Die KÖNNEN keine Babys machen.*
Firuz: *Wieso nicht?*
PJM: *Das SIND Babys!*
Firuz: *Okay.*
Firuz: *Ich geh jetzt ins Aquarium und klingele bei euch. Danach die Sprechanlage nicht ausschalten!!!!!!*
JJ: *i.O.*

Antonia, eins von den Pferdemädchen in der Bank vor mir, muss weinen. Magdalena reicht ihr ein Taschentuch. Ich weiß nicht, warum, aber Pferdemädchen haben die immer griffbereit.

»Das ist doch nur ein Film, Toni.«

»Ich weiß.« Antonia schnäuzt sich geräuschvoll. »Aber die Krankheit gibts wirklich. Stell dir vor, du hättest die. Ich meine, was würdet ihr tun? Mit oder ohne Helm in die Schule gehen?«

»Ich würd gar nicht in die Schule gehen!«, ist sich Magdalena sicher.

»Sondern?«, fragt Annika. »Es heißt Schulpflicht, weil du in die Schule gehen musst!«

Antonia nickt, Magdalena überlegt und sucht nach einer anderen Lösung. Aber Antonia ist schneller. »Ich würde mich umbringen.«

Ich krieg schon wieder Herzrasen. Atmen, atmen, atmen. Katzenbabys, Hundebabys, Menschenbabys.

Das »Fick dich!« kommt leise, aber es kommt.

Mein Handy vibriert. Nachricht von Vivi.

PJM: *Schule ist💩💩💩!*

Ich tippe:🤮

PJM: *Ich will auch observieren.*👀

Vivi wechselt in den Neue-Heimat-Chat.

PJM: *Wie läufts?*

JJ: *Trinken.*

PJM: *Was???*

JJ: *Milch.*

PJM: *Nicht die Babys! Wie läufts bei euch, ihr Uschis?!*

Firuz: *Bisher nichts.*

Ich tippe: *Meine Oma hieß Uschi.*👵

Firuz: *Wann ist die morgens aufgestanden?*

Ich tippe: *Nicht vor neun.*

Firuz: *Okay.*

Ich warte. Vivi anscheinend auch. Dann fällt mir was ein. Ich tippe: *JJ? Was habt ihr eigentlich gestern die ganze Zeit gemacht, als ich in eurer Wohnung geputzt habe, wenn das mit Tobi im Laden nur zwei Minuten gedauert hat?*

JJ: *Frau Lämmerhirte observiert.*

Ich tippe, aber Vivi ist schneller.

PJM: *What???*

JJ: *Frau Lämmerhirte observiert.*

PJM: *Ich kann lesen!*

Ich tippe: *Aber was heißt das?*

JJ: *Sie steht auf der Liste der Verdächtigen. Und sie stand da.*

PJM: *WO stand sie? Im Pfandleihhaus?*

JJ: *Davor, an der Haltestelle. Aber sie ist nicht eingestiegen. Nicht in den Bus und nicht in die Bahn. Das war verdächtig.*

PJM: *ALLERDINGS!*

Ich tippe: *Und das sagt ihr JETZT?!*

JJ: *Sie wars aber nicht.*

PJM: *Gehts bisschen genauer?*

Keine Antwort.

Ich tippe: *Hallo? JJ?*

PJM: *Du kannst uns jetzt nicht hängen lassen!*

Nichts.

Ich beginne zu zählen. Bei 34 vibriert mein Handy.

Firuz: *Sie war es wirklich nicht. Frau Lämmerhirte hat sich nicht für das Schaufenster interessiert.*

PJM: *Sondern?*

JJ: *Für den Mülleimer an der Haltestelle.*

Ich tippe: *Was ist mit dem?*

JJ: *Sie hat geguckt, ob Flaschen drin sind.*

Ich tippe: *Wozu?*

PJM: *Für den Pfand, Rich Girl!*

Firuz: *Danach war sie einkaufen.*

JJ: *In DREI Supermärkten! Mit Prospekten! Das hat gedauert.*

Ich tippe: *Prospekten von was?*

Firuz: *Sonderangeboten.*

PJM: *Wie war das? Die Alten haben eine gute Rente …*

Firuz: *Kommt wohl auf den Job an.*

Ich tippe: *Sie war beim DDR-Ballett!!!!*

Firuz: *Sag ich doch: Künstler+Frau+Osten = Arme Sau.*

PJM: *Schreibt mal was Lustiges!*

Firuz: *Jetzt nicht.*

JJ: *Hier geht was!!!*

Ich tippe: *WAS geht?*

Firuz: *Es kommt jemand! Bis später.*

Nachricht von Vivi.

PJM: *Das ist unfair!*

Ich tippe: *Grrrrr.*

PJM: *Als ich heute morgen runter bin, waren zwei Frauen mit 🚲 im Fahrstuhl.*

Ich tippe: *???*

PJM: *Die meinten, die parken das 🚲 in der Wohnung, weil unten nicht sicher.*

Ich tippe: *Wie ich bestätigen kann.*

PJM: *Wenn es keine Bande war, nicht die Trödel-Typen und nicht Frau Lämmerhirte: Vielleicht war es jemand anderes aus dem Haus. Wir haben neunzig Wohnungen.*

Ich tippe: *89. Eine ist Boulettes Büro.*

PJM: *Bist du ne Streberin?*

Darauf geh ich jetzt nicht ein.

Ich tippe: *Und mein 🚲 ist in seiner/ihrer Wohnung?*

PJM: *Genau!*

Ich tippe: *Aber wozu?*

PJM: *Vielleicht brauchte er/sie eins. Asap?*

Ich tippe: *Er/sie kann damit nicht fahren. Ich könnte ihn/sie sehen.*

PJM: *Nicht, wenn er/sie nachts fährt.*

Ich tippe: *Nachts?*

PJM: *Da schläfst du.* 😴

Ich tippe: *Und er/sie? Besucht dann … seine/ihre* 👵 *?*

PJM: *Lenny hat gesagt, die Großen üben auf dem Sportplatz, wenn es dunkel wird.*

Ich tippe: *Was üben die?*

PJM: *Rad fahren?* 🤔

Ich tippe: *Wette, das hat Bernd sich ausgedacht. Von wegen Motivation.*

PJM: *Oder klauen?*

Ich tippe: *Eine Nachteule?*

PJM: *Sollten wir überprüfen. Wollen wir zwei die Nachtschicht übernehmen?*

Ich tippe: *Observation?* 🔍

PJM: *Vom Sportplatz!* 👀

Ich tippe: *Wann?*

PJM: *Heute ab 23.00 Uhr? Da ist es dunkel.*

Ich tippe: *Erlaubt meine Mutter NIE.* 👎

PJM: *Sag, du schläfst bei mir.*

Ich tippe: *Erlaubt sie erst recht nicht.* 👎👎

PJM: *Weil sie uns für Assis hält?*

Ich tippe: *Hä?*

PJM: *Wegen* 🍹 *im Paradies?*

Scheiße. Volltreffer. Tatsächlich wusste Mama gestern gleich Bescheid, wer Vivien ist. Ich glaub nicht, dass sie Vivi unsympathisch findet, aber überrascht war sie schon. Und dass eine

Zwölfjährige zwei Hunderter in der Tasche hat, fand Mama auch seltsam. Sehr seltsam.

Ich tippe: *Bullshit!* 💩 *Wegen Schule. Unsere Wege sind nicht dieselben.* 😪

PJM: *Dann sag, du schläfst bei einer Schulfreundin.*

Die Wahrheit ist, ich habe seit zwei Jahren bei keiner Schulfreund:in übernachtet. In der Grundschule ja, da war ich oft bei Pit und noch öfter bei Helena. Oder sie bei mir. Aber da waren die Ticks auch noch nicht so schlimm. Und Helenas Family hat jetzt ein Haus am Stadtrand. Auf der anderen Seite natürlich.

Ich tippe: *Ich hab keine Schulfreundin.*

PJM: *Echt? Wieso nicht, Rich Girl?*

Ich tippe: *Ich bin E.T.* 👽🤯

PJM: *Enna Tich?*

Ich tippe: *Jedenfalls nicht rich an Freund:innen.*

PJM: *Jetzt hast du eine!* ❤️

Als Vivi und ich nach der Schule die 1202 stürmen, liegt Firuz mit Minka auf dem Bauch in Herrn Palaskes Schlafzimmer auf dem Fußboden und ist frustriert. Die Twins haben die Januar- und die Februar-Seite des Heimtierkalenders komplett vollgeschrieben, aber alle drei sind der Meinung, dass nichts dabei ist, was uns weiterbringt. Firuz fasst für uns zusammen: »Die Topinke-Brüder haben sich bis jetzt nicht blicken lassen. Wahrscheinlich haben sie einen Job und sind ganz normal arbeiten. Sicher sind sie nicht die besten Tierfreunde, aber vielleicht doch Menschenfreunde. Andere Kinder kamen auch nicht vorbei, da war höchstens mal Babygeschrei zu hören. Dafür Uschis ohne Ende. Wir wissen jetzt alles über Zahnprothesen, künstliche Hüftgelenke und grauen Star.«

Jack unterbricht aufgeregt: »Da kriegt man Spritzen direkt ins Auge, wusstet ihr das? Voll gruselig!« Joy nickt.

Doch Firuz schüttelt genervt den Kopf. »Nicht so gruselig wie das Gerede über die Familie aus der Ukraine.«

»Der hübsche Mann mit der hübschen Frau mit dem hübschen Kind?« Vivi weiß sofort, um wen es geht. »Die mit dem SUV, die wohnen bei uns in der Fünf!«

»Genau die und genau darum gings. Haben fette Kohle, er geht jeden Morgen mit dem Kinderwagen joggen und schiebt auf unsere Kosten ne ruhige Kugel, anstatt für sein Land zu kämpfen!«

»Sagt wer?« Jetzt bin ich neugierig, denn dem hübschen Jogger bin ich auch schon begegnet.

»Sagt … Moment ...« Firuz setzt sich auf und guckt auf den Kalender. »Der Hausi natürlich. Und der Kubiak und der Hammer und wie heißt der aus der Sieben, der mit dem Sprachfehler?«

»Marcel?«, ruft Vivi und rollt mit den Augen. »Marcel Gruber. Das ist so ein Vollhonk! Der gibt überall seinen Senf dazu, riesige Klappe, aber ein ganz kleines Würstchen. Der hat garantiert auch was mit den Flugblättern zu tun. Meine Mutter hatte sich mit dem schon richtig in der Wolle deshalb.«

»Was für Flugblätter?«

»Ja, weiß man halt nicht, wer die macht oder austrägt. Die kommen von keiner Partei und sind auch nicht unterschrieben oder so. Im letzten ging es darum, dass wir hier im Viertel demnächst von Asylanten überflutet werden. Geendet hats mit: *Männer, stellt euch vor eure Frauen und Kinder. Die Zeit ist gekommen!* Meine Mutter ist ausgerastet. Die denkt, dass der Gruber was damit zu tun hat, weil das genau seine Worte sind. Der ist richtig schlimm, noch viel schlimmer als der Hausi.«

»Der im Übrigen – das muss man ihm lassen – nicht auf der faulen Haut liegt. Frydetzki hat heute«, Firuz fährt mit dem Finger über den Kalender, während er vorliest, »bei einer Uschi die Verstopfung im Bad behoben, bei zwei Uschis Glühbirnen ausgetauscht, bei einer Uschi mit dem Internet geholfen, bei eins, zwei, drei, vier Uschis was an der Heizung überprüft, einer Uschi die Post hochgebracht und bei drei Uschis nach dem Rechten gesehen, was auch immer das bedeutet. Und ganz nebenbei hatte er noch genug Zeit den Sennheisern das Briefkastenschloss auszuwechseln, denn denen war der Schlüssel abgebrochen. Und abgesehen von dem Geläster über die Ukrainer war er die ganz Zeit total freundlich. Der war so freundlich, dass ich seine Stimme zuerst gar nicht erkannt habe! Aber dann kam der Paketdienst und der hat sich beim Hausi, der auch gerade unten war, aufgeregt, weil die Sprechanlage schon wieder kaputt ist. Weil die nämlich normalerweise gar nicht bis Wohnungstür liefern, sondern die Leute bitten, an den Fahrstuhl zu kommen. Womit die als Tatverdächtige auch ausscheiden.« Firuz lässt sich wieder zurück auf den Boden sinken.

Ich hänge immer noch gedanklich bei Marcel Gruber und den Flugblättern fest. *Die Zeit ist gekommen.* So was in der Art hat Papa auch gesagt. Aber Papa ist doch kein Rassist, Faschist, Extremist. Aber was ist er dann?

»Sonst noch was?«, versuche ich mich selbst zurückzubeamen.

»Ach ja, und dann hab ich die Weißhaupts getroffen und nach der Sonja gefragt. Und stellt euch vor: Seit dem Schlaganfall von Frau Weißhaupt putzt die auch bei denen! Und die Weißhaupts sind sehr zufrieden. Sonja hat ihnen sogar erzählt, dass Frau Schnauz sie im Verdacht hatte zu klauen. Und war wohl … na ja, betrübt eben.«

»Und was machen wir jetzt?« Die Twins werden unruhig.

»Na, was denn wohl? Jetzt gucken wir mit meinen 200 Euro und euren Tassen zu Frau Schnauz auf einen Kaffee vorbei. Und wenn wir Glück haben, hat sie vielleicht auch was zu naschen.« Vivi grinst. »Haben Omas nicht immer Kuchen da?«

Firuz seufzt. »Aber wenn ja, dann macht euch auf weitere Uschi-Lieblingsthemen gefasst. Das könnte gruselig werden.«

»Die da sind?« Vivis Augen funkeln erwartungsvoll.

»Das Wetter.«

»Das Wetter? Was ist mit dem?«

»Zu heiß!«

»Okay.«

»Und Grabpflege.«

»Was ist damit?«

»Na, nichts. Es ist zu heiß für Grabpflege.«

»Und weiter?«

»Wer als Nächstes dran ist.«

»Womit dran ist?«

»Na, mit sterben.«

»Na dann, auf in den Tod!«

Immer mit die Ruhe, mit die eiskalte!«, schreit es uns durch die geschlossene Tür entgegen. Danach dreht sich der Schlüssel im Schloss und auch die Kette rasselt. Überraschenderweise geht die Tür dann aber schwungvoll und sehr weit auf.

Auch Frau Schnauz ist überrascht, als sie uns sieht. Sicherheitshalber setzt sie sich die Brille auf, die an einem Band um ihren Hals baumelt. Dann mustert sie uns einzeln von oben bis unten. Schließlich sagt sie »Aha« und fordert uns mit einer unwirschen Geste auf, reinzukommen. Wir nehmen Firuz zum Vorbild, ziehen artig unsere Schuhe aus und folgen Frau Schnauz ins Wohnzimmer. Eine riesige, dunkelbraune Eck-Couch beherrscht den Raum. Davor steht ein schwerer Couchtisch mit Kachelplatte und davor eine von diesen massiven DDR-Schrankwänden, die jetzt unter den Freaks auch wieder hoch gehandelt werden, was allerdings selbst ich nicht verstehe, denn die sind wirklich nur hässlich. Frau Schnauz schaltet den brüllend lauten Fernseher aus und bedeutet uns, auf der Couch Platz zu nehmen. Sie selbst dreht ihren Fernsehsessel, was das einzige Möbelstück ist, das ansatzweise benutzt aussieht, zu uns und setzt sich ebenfalls.

»Was gibts?« Sie schaut uns durchdringend an. So wie der Polizist auf der Wache. Und es fühlt sich schon jetzt auch nach Verhör an. Mir macht das Gänsehaut. Trotzdem versuche ich cool zu bleiben.

»Wissen Sie noch, wir hatten uns im Fahrstuhl getroffen. Und Sie hatten gesagt, wir dürfen versuchen, Ihr Rad zu verkaufen, das Sie sowieso nicht mehr fahren.« Ich warte, damit sie sich sortieren kann.

»Und ich habe gesagt, ich bin nicht dement!«, blafft Frau Schnauz plötzlich in die Stille. »Natürlich weiß ich das noch!«

Eins, zwei, drei, atmen, lächeln.

»Wir haben es verkauft, Frau Schnauz, und …«

»Jetzt gibts Geld!«, kürzt Vivi ab und knallt die zwei Hunderter auf die Kacheln.

Frau Schnauz ist platt. Sie beugt sich vor, glotzt auf die Scheine und schiebt sie dann ganz langsam mit dem Zeigefinger auseinander, als ob sich darunter eine Bombe verstecken würde. Dann guckt sie uns wieder an.

»Was wollt ihr dafür haben?«, fragt sie misstrauisch.

»Einen Kaffee vielleicht?«, antwortet Firuz.

»Oder Kuchen!«, kommt es beinahe schreiend von den Twins.

»Den Sie bestimmt nicht im Haus haben. Wir kommen ja unangemeldet«, versucht Firuz, die Kurve zu kriegen.

»Aber natürlich habe ich Kuchen im Haus, junger Mann! Ich habe immer Kuchen im Haus«, empört sich Frau Schnauz und hievt sich schnaufend aus dem Sessel. »Dann kommt mal und helft mir tragen, ihr zwei.« Sie zeigt auf die Twins. »Ihr passt mit mir in die Küche, also los! Und ihr anderen könnt schon aufdecken. Das Geschirr ist da drin«, sie zeigt auf die Schrankwand, »aber seid vorsichtig damit.«

Während Frau Schnauz nebenan in der Küche hantiert und den Twins Befehle gibt, inspizieren wir in Windeseile zu dritt die Schrankwand und finden alles, was wir nicht gesucht haben. Nämlich eine Zinnsammlung, von Tellern bis Weinkaraffe, aber ohne Becher. Eine Schmuckdose, aber, surprise, surprise, ohne Inhalt. Und schließlich das Porzellan. Bingo! Es hat dasselbe Muster wie die Sammeltassen aus dem Pfandleihhaus! Aus der Küche hören wir Lachen.

»Scheiße!«, sagt Vivi. »Was machen wir jetzt?«

»Wir decken den Tisch«, antwortet Firuz, »und stellen unsere zwei Tassen einfach dazu.«

»Auf keinen Fall!«, widerspreche ich. »Denn dann denkt Frau Schnauz entweder, sie hat tatsächlich nicht mehr alle

Tassen im Schrank, oder dass wir es waren, die ihr die Tassen geklaut haben. Und dann sind wir unten durch und …«

»Aus dem Kuchen wird auch nichts«, kombiniert Vivi ironisch.

»Also jetzt: Die Stunde der Wahrheit ist gekommen. Wer sagt es ihr?«

Plötzlich lässt uns die Stimme von Frau Schnauz alle herumfahren. »Aber doch nicht dieses Geschirr, Kinder! Das ist nur zum Angucken, nicht zum Anfassen. Außerdem gibts da nicht genug Tassen. Stellt das mal zurück und macht die andere Tür auf, rechts, ja genau, das grüne, nehmt das grüne Geschirr. Und …«

In diesem Moment klingelt es. Keine große Oper, sondern mehr so Warteschleife. Und genau wie bei der, nimmt das Gedudel kein Ende. Frau Schnauz stellt kopfschüttelnd die Tortenplatte auf den Kacheln ab, bedeutet den Twins, die Sprühsahne und die Karaffe ebenfalls abzustellen, und schreit in den Flur: »Immer mit die Ruhe, mit die eiskalte …«, und weg ist sie.

Die Zwillinge gucken uns erwartungsvoll an, Firuz zeigt auf die Schrankwand und nickt stumm. Dann legt er den Finger auf die Lippen. Und ich flüstere: »Wir reden später. Jetzt nur …«, ich zeige auf den Kuchen und deute essen an. Die Twins nicken und Vivi deckt ultraleise die Teller auf. Dann setzen wir uns auf die Couch und warten brav, bis die Hausherrin zurückkommt. Doch die diskutiert gerade sehr hartnäckig und sehr laut an der Wohnungstür.

»Wieso Heizung? Es ist Sommer, ich brauche keine Heizung! Von mir aus kann das warten … Morgen oder übermorgen oder nächste Woche. Kommen Sie einfach vorbei. Doch! So viel Zeit muss sein … Wann Sie wollen. Ich bin zu Hause, aber das wissen Sie doch! … Ja schon, aber nein. Heute ist es ausnahmsweise schlecht … Nein! Wirklich schlecht! Tut mir leid. Ich habe Besuch, Herr Frydetzki!«

Wir hören, wie die Tür ins Schloss fällt. Und Frau Schnauz' Grummeln, als sie zurückkommt. Doch als sie uns sieht, hellt sich ihre Miene plötzlich auf. »Ich hab mir was überlegt, Kinder! Habt ihr den Aushang im Aquarium gesehen? Am Freitag veranstaltet der Sputnik unten sein Sommerfest. Das machen die ja immer zu Ferienbeginn. Ich finde das eigentlich ganz nett. Und dieses Jahr wird es noch netter. Denn ihr …«, Frau Schnauz schiebt die zwei Hunderter über die Kacheln auf unsere Seite des Tisches, »nehmt das hier und lasst euch was Hübsches einfallen. Für die Jungen. Und die Alten.« Frau Schnauz lächelt. Frau Schnauz kann lächeln.

»Scheiße!« Alle starren mich an. »Ich meine, ich … ich weiß nicht … was ich sagen soll.«

»Du musst gar nichts sagen.« Frau Schnauz lächelt immer noch. »Du kannst jetzt mit uns Kuchen essen. Aber langsam, der ist vielleicht noch ein kleines bisschen gefroren. Der war im Frost. Das macht aber nichts.«

Ich nicke. Und habe schon wieder Gänsehaut.

Ganz du selbst

»Wie blind kann man eigentlich sein? Wir sind ja so bescheuert!«, platzt es im Fahrstuhl aus mir heraus, kaum dass sich die Tür geschlossen hat.

Firuz drückt die Vierzehn. »Na, komm schon, Enna, so schlecht waren wir gar nicht. Und auf meiner Liste stand er schon mal ganz oben.«

»Was für eine Liste? Wann wurde die geschrieben?«

»Unter der Trauerweide? – Na gut, nicht geschrieben, aber ich hab gesagt, er ist verdächtig.«

»Aber weil du ihn wegen seiner rassistischen Scheiße auf dem Kieker hattest. Und nicht, weil du dachtest, dass er deutsche Rentnerinnen beklaut, oder?«

Firuz zuckt mit den Schultern. »Ist doch egal. Arsch bleibt Arsch.«

Pling! Die Tür vom Fahrstuhl geht auf und ich will losstürmen, so sauer bin ich – auf mich selbst. Aber Joy hält mich am Arm fest. Richtig fest! Eine Kraft hat sie, dass ich zurück in die Kabine taumele. Als ich drin bin, drückt Jack die Tür-schließen-Taste. Und kaum ist der Fahrstuhl wieder dicht, legen die Twins los.

»Was geht?«, kommt es unisono. »Haben wir irgendwas verpasst?«

»Nein«, blafft Firuz jetzt auch genervt. »Du warst dabei, JJ! Gerade eben, als unser Dieb bei Frau Schnauz geklingelt hat und wir ihm höchstwahrscheinlich seinen nächsten Raubzug vermiest haben.«

Die Twins starten die Augenbrauenwelle. Das gibts doch nicht! Die können das auch? Doch auf dem höchsten Punkt der Welle bleibt die einfach stehen und der Groschen fällt: »Ihr meint … Frydetzki ist der Dieb? Boulette? Wie kommt ihr denn darauf?«

Firuz stöhnt. Und lässt sich an der Fahrstuhlwand bis auf den Boden gleiten. »Bitte, kann das jemand übernehmen? Ich kann nicht mehr.«

Und Vivi übernimmt. Sie ist überhaupt die Coolste heute. »Frydetzki weiß hier im Haus über alle und alles Bescheid, das habt ihr ja heute selbst erlebt. Er hat den Schlüssel zum Haus und zu allen Wohnungen, denn bei wem lassen die Sennheisers ihre Schlüssel nachmachen? Genau, beim Hausi! Aber wahrscheinlich braucht er die nicht mal, Boulette kommt nämlich auch so in die Wohnungen rein. Als Blaumann vom Dienst. Als Zwerg für alles. Er kümmert sich sogar um Dinge, um die er sich gar nicht kümmern müsste. Zum Beispiel um die Wartung der Heizung im Hochsommer. Dabei macht das eigentlich der Energieversorger oder der Ablesedienst. Oder …«

»Bei uns war er noch nie!«, protestiert Jack. »Das wüssten wir. Stimmts, Joy?«

Joy nickt. Und Vivi auch. »Natürlich nicht. Euer Vater ist Bulle und noch dazu nicht blöd. Selbst wenn es bei euch was zu holen gäbe, wäre das Risiko viel zu hoch. Bei den meisten würde Boulette nicht reinkommen, aber bei manchen eben doch. Zum Beispiel bei alten, alleinstehenden Damen, die ab und an was zu reparieren haben, aber keine Angehörigen, die das für sie erledigen. Und zack, ist Boulette zur Stelle.«

»Was doch nett von ihm ist.«

»Genau! Und da liegt der Fehler. Boulette ist nicht nett. Er ist nie nett. Er ist mürrisch, keift rum und legt sich mit jedem an, der was von ihm will. Nur zu den Uschis, zu denen ist er merkwürdigerweise nett. Wobei so richtig nett war das vorhin auch nicht. Das war aufdringlich. Widerlich aufdringlich. Kein Typ, mit dem ihr gerne Käsekuchen essen wollt, oder?«

Die Twins reißen entsetzt die Augen auf und schütteln die Köpfe. »Igitt!«

»Und jetzt? Wir können schlecht zur Polizei gehen und sagen: ›Hallo, der Hausmeister ist widerlich, wir glauben, er beklaut die alten Omas in unserem Haus‹, von denen es übrigens massig gibt«, sagt Vivien. Und sie hat leider recht.

»Aber wir könnten ihn observieren und versuchen, Boulette auf frischer Tat zu erwischen!«, schlage ich vor.

Firuz' Augenbrauen machen die Welle. »Das kann Wochen dauern!«

»Wir haben bald Ferien«, freuen sich die Twins, die offensichtlich langsam Spaß an der Sache haben. Aber das lässt der Panda nicht gelten.

»Und einen Ferienjob! Den wir brauchen, denn Ennas Rad kriegen wir sicher nicht wieder. Und in eurem Kühlschrank sieht es auch nicht gerade glänzend aus.«

»Doch, der glänzt, den hab ich geschrubbt!«, versuche ich die Stimmung aufzuheitern, aber jetzt gucken die Twins betrübt aus der Wäsche.

»Wir könnten ein Foto vom Hausi machen und es den Männern vom Pfandleihhaus zeigen?« Jack und Joy setzen sich zu Firuz auf den Boden.

»Damit ist noch nichts bewiesen. Und sollte Frydetzki im großen Stil klauen, dann sind das auch nicht die Einzigen, bei denen er sein Diebesgut verkauft.«

»Aber wir wären zumindest sicher, dass er es wirklich ist«, sage ich, obwohl ich nicht den geringsten Zweifel habe.

Vivi setzt sich jetzt auch. »Soll ich Bernd fragen, ob er noch mal mit mir hingeht? Und wenn die Frydetzki als Verkäufer bestätigen, dann gleich weiter mit ihm zur Polizei?«

»Nur weil Bernd freundlich zu dir ist, müssen wir ihn nicht gleich mit ins Boot holen.«

»Irgendwie sitzt er ja schon drin.«

Jetzt setze ich mich auch. Irgendwas stört mich an dieser Wendung. Ich versuche es zu erklären. »Mir gefällt das nicht, wir müssen das alleine hinkriegen. Wir können nicht wegen jedem Scheiß zu irgendwelchen Männern rennen. Sonst enden wir noch wie die Uschis.«

»Oder wie die Mesuts.«

»Mesuts?«

»So hieß mein Großvater. Der war auch total aufgeschmissen, als meine Großmutter gestorben ist. Mein Vater sagt, der war plötzlich eine welke Blume? Solmuş çiçek? Ich glaube, das heißt welke Blume. Oder Blume ohne Farbe oder so was in der Art.«

»Sprichst du gut Türkisch?«, will Vivien plötzlich wissen.

»Überhaupt nicht.«

»Hä? Wie redest du dann mit deinen Eltern?«

»Na, Deutsch, wie denn sonst?«

»Sprechen die auch kein Türkisch?«

»Selten. Nur wenn die sich streiten. Oder wir was nicht hören sollen. Liebesquatsch oder so.«

»Liebe ist doch kein Quatsch!« Die Twins widersprechen selten, aber wenn, dann mit Karacho.

Vivien bleibt cool. »Und ich dachte, ihr seid von da hergekommen.«

»Von wo?«

»Na, aus der Türkei.«

»Ich war noch nie in der Türkei.«

»Echt? Warum nicht?« Jetzt werde ich neugierig.

Aber Firuz zuckt bloß mit den Schultern. »Ist immer was dazwischengekommen, Arbeit oder mein Bruder oder Pandemie oder Inflation. Aber ich will unbedingt mal hin. Wenn ich mit der Schule fertig bin, hab ich genug Geld zusammen, wetten?«

»Dafür sparst du? Cool.« Ich sage jetzt nicht, dass ich schon in der Türkei war. Dreimal sogar, weil Papa das Land liebt.

Aber Vivi sagt was: »Du sprichst kein Türkisch und warst noch nie in der Türkei? Warum nenne ich dich dann Türke?«

»Keine Ahnung. Ich bin jedenfalls keiner.«

»Du bist kein Türke?«

»Nein. Ich bin deutscher Staatsbürger. Alman. Nur ohne Socken und Sandalen.

»Krass. Aber warum hast du das nie erzählt? Boulette zum Beispiel. Der wettert doch immer gegen die Türken.«

»Der wettert auch gegen die Syrer. Und die Polen. Und die Ukrainer. Das ist das Problem von solchen Dumpfbacken. Alles, was anders aussieht, ist für die eine Bedrohung. Und das sind nicht mal die Glatzen. Hört doch mal genau hin, wie die Leute hier über Familien wie uns reden. Ganz normale Leute. Ganz nette Leute, die das angeblich auch gar nicht böse meinen. Da krieg ich Ausschlag.«

»Wie reden sie denn?«

Firuz guckt mich an. Seine Augen sehen aus wie Mamas, wenn sie müde ist. Hundeblick. »ABER. Immer kommt ABER. Ich hab ja nichts gegen Ausländer, ABER. Ich kanns echt nicht mehr hören.«

»Dabei bist du gar kein Ausländer.«

»Aber ich fühl mich so. Und manchmal ist das auch ein supergutes Gefühl. Wenn ich Leute wie Boulette sehe, die stolz sind auf ihr deutsches Land und ihr deutsches Volk, dann will ich nämlich gar kein Deutscher sein.«

»Wer wärst du denn gerne?«

»Keine Ahnung. Mensch würde mir reichen. Oder von mir aus auch ein …«

»Pandabär?«

Firuz guckt mich an wie die Frau aus der Straßenbahn. Deshalb erkläre ich schnell: »Die sind superhübsch und klug und kuschelig!«

Jetzt grinst Firuz.

Plötzlich fährt der Fahrstuhl an. Wir gucken auf das Display, das zeigt, dass wir bis ins EG fahren, wenn niemand von uns drückt, aber keiner steht auf.

»Wo wollen wir eigentlich hin? Und was machen wir jetzt? Heften wir uns an Boulette?«, frage ich.

Firuz gähnt. Die Twins zucken mit den Schultern. Und Vivi sagt: »Ich schlage vor, ihr chillt ne Runde und wir sehen uns morgen.«

Mir fällt die Kinnlade runter. Chillen? Jetzt? Wo wir so nah dran sind? Das kann doch nicht ihr Ernst sein. Ich will gerade lautstark Einspruch erheben, als ich Vivien zwinkern sehe. Und bei ihr ist das sicher kein Tick. »Ihr chillt und Enna und ich überlegen, wie es weitergehen soll. Kann ich noch mit zu dir kommen, Enna?«, fragt sie zuckersüß.

Jetzt bin ich durcheinander. Was hat sie vor? Doch eine Antwort bekomme ich so schnell nicht.

Pling! Der Fahrstuhl hält und unser Sitzkreis wird durch den Aufprall etwas geschüttelt. Die Tür geht auf. Doch noch bevor wir uns vom Boden aufrappeln können, schreit eine Stimme: »Überraschung! Enna, hurra, meine Lieblingsenna, mon Chérie, mein Satansbraten. Ich sags ja immer, es gibt keinen Zufall, es gibt nur Schicksal. Und Karma! Enna, sag, dass du mich erkennst, oder seh ich aus wie Quasimodo? Wahrscheinlich bin ich dehydriert und schlage Falten. Aber ich bins trotzdem! Ich bins! Natürlich bin ich ich. Wer soll ich auch sonst sein. Und wer seid ihr? Seid ihr Ennas neue Freund:innen? Die crazy Ghetto-Kids? Drogensüchtig, kriminell, verwahrlost? Wie toll! Ich freue mich, euch kennenzulernen. Und was für eine geile Jacke deine Freundin hat, kann ich mir die mal ausleihen? Oder nein, wir tauschen, ich hab einen Sommerpelz im Angebot, echten Plüschbär, was anderes lass ich nicht an meine Haut …«

Alle starren die kleine, schlanke Frau mit den großen Gesten, dem knallroten Lippenstift und den dunklen, streichholzkurzen Haaren an. Die redet wie ein Wasserfall. Und sich dann theatralisch zu uns auf den Boden des Fahrstuhls sinken lässt, weil sie so, so, so erschöpft, aber auch so, so, so glücklich ist, mich zu sehen. Und die hofft und betet, dass sie noch nicht mein erstes Tattoo oder Piercing verpasst hat, denn hier im Ghetto laufen die Uhren sicher anders, aber jetzt ist sie da und sie will alles wissen, und zwar sofort, und noch bevor meine Mutter von der Arbeit kommt, denn dann ...

»… ist Ladystime mit Perimenopausen-Gesprächen angesagt und das ist nichts für schwache Nerven, sorry. Aber jetzt: Kinder an die Macht! Lasst mich eure Nanny sein. Mögt ihr Sushi? Kennt ihr nicht? Kennt ihr nicht. Das ist Reis mit geilem Scheiß und, ach, ihr werdet schon sehen.«

Sagts, springt auf und rollt ihre drei Koffer im Hochglanz-Leopardenprint aus dem Aquarium zu uns in den Fahrstuhl und wehrt, sobald sie drin ist, mit gespieltem Entsetzen ab: »Nein, sag jetzt nichts, Enna. Ich weiß, das war ein Fehlkauf. Aber was solls. Sie rollen immerhin. Läuft bei uns, oder?«

Da bin ich mir zwar nicht so sicher, aber das ist trotzdem die Stelle, an der ich lachen muss. Und dann muss ich was sagen. Nämlich: »Okay, Leute, darf ich vorstellen? Das ist Cleo. Cleopatra Archimedes. Weltberühmte Opernsängerin. Mamas Freundin, meine Patentante und … ganz sie selbst.«

Die Twins und Firuz lassen sich von Cleo zeigen, wie das geht mit dem Ingwer und dem Wasabi und der Sojasoße und den Stäbchen, die Cleo, wie fast alles, virtuos beherrscht. Vivien isst auch mit Stäbchen, aber ich kann nicht erkennen, ob sie das schon konnte oder ob sie einfach Talent hat. Mir fällt auf, dass es das erste Mal ist, das ich sie überhaupt essen sehe; still und genüsslich. Dabei leuchten ihre Augen, wie sie nur leuchten, wenn man verknallt ist. Was mich nicht eifersüchtig werden lässt, denn in Cleo muss man sich einfach verlieben, sie ist umwerfend!

Natürlich schaffen wir nicht die ganze riesige Platte, denn Cleo bestellt immer zu viel. Sie rechnet mit Gästen, die einfach surprise, surprise hereinschneien, so wie sie selbst es tut und wie ich es in Hamburg bei ihr zu Hause erlebt habe. Und so wundert es mich auch nicht, dass Mama nichts von ihrem Besuch ahnt.

»Ich hoffe allerdings, Stella hat für dieses Wochenende noch keinen Mann und keinen Plan. Ich hab nämlich welche. Also Pläne. Und am besten beginne ich gleich damit, nur für den Fall, dass deine Mutter doch welche hat oder einen Mann, den sie mir vorstellen möchte. Darauf muss ich mich seelisch und körperlich vorbereiten. Also, wo ist mein Erste-Hilfe-Koffer? Firuz, Herzblatt, kannst du mal bitte den kleinen Leoparden ranrollen, ich kann mich unmöglich bewegen.«

In Cleos Erste-Hilfe-Koffer befindet sich ein Sammelsurium von Dingen, die sie dringend braucht, brauchen könnte oder endlich mal gebrauchen will. Dazu gehört ein Flasche Champagner genauso wie eine Schlafmaske, Glitzernagellack, Tarotkarten, ein Anti-Stress-Würfel, ein Paar Wollsocken und andere geheime Dinge, deren Sinn sich mir noch nicht erschlossen hat. Jetzt fischt sie als Erstes aus einem Pappröhrchen ein Räucherstäbchen, steckt es in eine einsame Sushirolle und zündet es mit einem Feuerzeug, das aussieht wie eine echte Pistole, an.

»Wusstest du eigentlich, dass Mama raucht?«

»Ja, das wusste ich, Enna. Möchtet ihr vielleicht auch eine?«

Sie kramt eine Schachtel Zigaretten aus ihrem Koffer, reißt die Packung an der oberen Ecke auf, klopft gekonnt eine Zigarette heraus und legt den Rest der Packung zu dem Sushi. »Bedient euch!« Plötzlich herrscht betretenes Schweigen. »Was ist los?«, fragt Cleo. »Ich denke, ihr seid Ghetto-Kids, habt ihr nicht einen Ruf zu verlieren? Ich für meinen Teil bin Opernsängerin, ich darf nur heimlich rauchen.« Sagts und schiebt sich die Zigarette in den Mund. Und zwar komplett. Und ... isst sie auf!?

Firuz nimmt als Erster die Packung in die Hand. Und riecht. »Schokolade?«

Cleo grinst. »Kaugummi hätte ich auch im Angebot. Die sehen aber nicht so hübsch aus.«

Dann kramt sie weiter in ihrem Koffer. Und holt eine Gesichtsmaske raus. »Ich weiß, das sieht scheiße aus, aber da müsst ihr jetzt durch. Ihr könnt natürlich auch mitmachen, dann sehen wir alle gemeinsam erst scheiße und dann blendend aus. Ich hab genug dabei, bedient euch.«

Fünf Minuten später sehen wir alle aus wie Gespenster. Wir sitzen mit unseren Hyaluron-Tuchmasken, bei denen nur Augen, Nasenlöcher und Mund ausgespart sind, um die Sushiplatte herum und lassen uns von Cleo die Karten legen.

»Ich lege nach dem Archimedes-Prinzip, Kinder, das ist supersimpel. Ihr stellt euch – und mir – gemeinsam eine Frage. Eine offene Frage, die man nicht mit Ja oder Nein beantworten kann. Dann zieht jede und jeder von euch nur eine Karte und alle Karten gemeinsam geben euch die Antwort. Gefällt euch die Antwort nicht – und jetzt kommt Archimedes ins Spiel – dann habe ich Mist gebaut. Gefällt euch die Antwort, dürft ihr euch freuen. Also los, überlegt euch, was ihr von mir, dem Orakel Cleo Pokushokus, wissen wollt. Und gebt mir eine Kaugummizigarette. Wenn ich katsche, kann ich mich besser konzentrieren!«

Während Cleo die Karten mischt und kaut, einigen wir uns schnell. Schließlich brennt uns was unter den Nägeln. Dann spreche ich aus, wie unsere Frage lautet. Nämlich: »Wie lösen wir unser Problem?«

»Oh«, freut sich Cleo. »Probleme sind meine Spezialität!«

Sie hält Firuz die verdeckten Karten hin, er darf als Erster ziehen. Und er zieht den *Gehängten*. Kein Scherz! Das steht auf der Karte, auf der ein Mann zu sehen ist, der kopfüber von einem Baum hängt. »Scheiße!«, entfährt es Firuz entsetzt.

»Ach was, der Gehängte ist super!«, beruhigt Cleo. »Der Gehängte heißt, ihr habt die Fähigkeit, euer Problem aus einem anderen Blickwinkel zu betrachten.«

»Jetzt ich!«, rufen die Twins zeitgleich. Und wir alle lachen erleichtert.

»Na denn, zieht eine zusammen.«

Aber lustigerweise können sich Jack und Joy nicht auf eine Karte einigen.

»Ich will eine eigene!«, sagt Joy und zieht: den *Tod*. Augenblicklich könnte man im Zimmer eine Stecknadel fallen hören. Aber wir hören nur das entfernte Wummern der Bälle gegen das Gitter vom Sportplatz. »Muss unser Problem etwa sterben?«, fragt Joy ängstlich.

»Aber nein!« Cleo lacht. »Hier stirbt niemand. Der Tod bedeutet bloß das Ende. Und den Anfang von etwas Neuem, das wars.«

»Dann ich jetzt!«

Jack zieht eine nackte Frau. Ach nee, darunter steht *Stern*. Und einen Stern sieht man tatsächlich über ihrem Kopf.

»Wir lösen unser Problem mit einer Nackschen? Oder mit einem Stern?«

»Ihr löst es, indem ihr eine Erleuchtung habt. Das bedeutet der Stern.«

»Na toll.« Jack ist unzufrieden. »Ich hab nie Erleuchtungen. Ich bin zu dumm für so was.«

»Bist du nicht!«, widerspricht Joy.

»Und außerdem befragst du das Orakel nicht alleine, sondern wir alle zusammen. Und die Neue Heimat ist nicht dumm! Wir lösen unser Problem, indem wir …«, Vivi guckt nicht auf die Karten, sondern in Cleos Augen, während sie wählt, »diese Karte ziehen!«

Vivis Karte zeigt die *Sonne*.

»Die Sonne bedeutet, ihr strebt nach Höherem. Ihr löst euer Problem also nicht auf die übliche, naheliegende Art. Ihr seid Idealist:innen und wollt die totale Erneuerung, die eine Strahlkraft haben wird.«

»Jetzt du, Enna! Gib alles!«

»Pimmel!«

Eins, zwei, drei, ich atme. Und ziehe: *Das Gericht*.

»Hurra, Enna!« Cleo ist entzückt. »Da habt ihrs! Die Lösung!«

Firuz nickt. »Wir müssen zur Polizei.«

Cleo wird hellhörig. »Wieso zur Polizei? Das Gericht bedeutet nicht, dass euer Problem vor ein Gericht kommen muss. Die Karte symbolisiert den Neuanfang. Nach der Lösung des Problems.«

»Also kriegen wir unser Problem gelöst, indem wir den Blickwechsel ändern und nicht wie üblich zur Polizei gehen. Stattdessen haben wir eine Erleuchtung, wie wir etwas ganz Neues beginnen, das uns alle weiterbringt?« Jacks Stirn liegt in Falten.

»Siehst du, Jack, du bist überhaupt nicht dumm. Du bist sogar sehr schlau. Das war eine astreine Zusammenfassung.

Und mit der habt ihr mich ehrlich neugierig gemacht. Deshalb …«, plötzlich wird Cleo ernst, »frage ich euch jetzt: Steckt ihr in Schwierigkeiten? Enna? Du weißt, dass du mir alles sagen kannst. Auch wenn ihr Mist gebaut habt.«

»Wir haben keinen Mist gebaut, ehrlich nicht, Cleo!«

»Okay, Enna. Aber warum solltet ihr dann zur Polizei? Hat euch jemand etwas angetan? Einem von euch? Einer von euch? Braucht ihr Hilfe?«

»Keine Erwachsenen, Enna, das hast du selbst gesagt!« Firuz springt auf.

»Setz dich! Sofort!« Ja, Cleo kann auch streng. Wenn sie die Diva rauslässt, ist sie nicht zu toppen. Firuz setzt sich. Und Cleo legt eine neue Karte zu den unseren. Die *Hohepriesterin.*

»Stellt euch vor: Das bin ich. Alt und weise. Na gut, das eine versuche ich zu verhindern und am anderen arbeite ich noch. Und trotzdem, zur Hohepriesterin geht man, um sich einen Rat zu holen. Denn ihr wird eine gute Intuition nachgesagt. Mehr nicht.«

»Was ist das? Intuition?«, fragt Joy.

»Wir sind nämlich gleich schlau«, ergänzt Jack.

Cleo lächelt. »Intuition ist, wenn man ein Gespür für etwas hat, ohne den ganzen komplizierten Sachverhalt zu kennen. Also, wollt ihr den Rat der Hohepriesterin hören? Dann erzählt mir von eurem Problem. Aber machts einfach. Und möglichst kurz. Oder gebt mir noch eine Kaugummizigarette.«

Vivien ist es, die erzählt. Kurz und knapp. »Es gibt jemanden, von dem wir denken, dass er Mist gebaut hat. Wir wissen es nicht hundertprozentig, aber wir sind uns ziemlich sicher. Er ist kein Freund von uns, ehrlich gesagt können wir ihn nicht leiden …«

Cleo unterbricht Vivien streng: »Das ist kein Argument, sondern ein Gefühl. Und das verfälscht den objektiven Blick. Ihr solltet hundertprozentig sicher sein, denn mit falschen Anschuldigungen ist nicht zu spaßen, die kann man nicht rückgängig machen. Das gebe ich zu bedenken.«

Vivien nickt ungeduldig. »Nee, ist klar. Der Mist ist auch nicht so schlimm, dass er dafür unbedingt in den Knast kommen sollte. Er hat niemanden umgebracht oder so. Aber doch so mies, dass er nicht ungestraft davonkommen darf. Das Blöde ist nur, wir haben keine Beweise. Zumindest keine, die ausreichen, um ihn dingfest zu machen.«

Cleo hört auf zu katschen. »Weiß er das? Dass ihr es wisst und keine Beweise dafür habt?«

»Nein, weder das eine noch das andere. Er hat keine Ahnung, dass wir ihm auf der Spur sind.«

»Sehr gut. Und was wollt ihr von ihm? Ein Geständnis?«

»Er soll aufhören mit dem Mist! Und er soll es wiedergutmachen.«

»Ihr würdet ihm also eine zweite Chance geben?«

»Wenn es sein muss.«

»Oh, das muss nicht sein. Manche Menschen ändern sich nie. Aber ihr könntet es versuchen.« Cleo starrt vor sich hin und katscht wie verrückt auf ihrem Kaugummi. »Blufft und macht euch größer als ihr seid. Setzt euch eine Maske auf und behauptet, ihr wisst Bescheid und habt Beweise. Dann stellt ihr eure Forderungen. Erfüllt der Mistkerl die, wisst ihr, dass er den Mist wirklich gebaut hat, und habt gleichzeitig eine Lösung für euer Problem!«

»Ist das nicht … Erpressung?«, frage ich vorsichtig.

Cleo sieht mich an. »Meine Liebe«, sagt sie nachsichtig. »Das ist Oper, große Oper! Und jetzt runter mit den Masken. Wir sind schön genug.«

Das sind wir. Und zum Glück dreht sich gerade Mamas Schlüssel im Schloss. Denn wir sind plötzlich richtig zappelig. Über unserem Sit-in knistert die elektrische Spannung wie sonst nur an schlimmen Tagen in meinem Kopf. Die Neue Heimat muss zur Einsatzbesprechung. Sofort!

Nachtschicht

Alles ist ruhig. Nur mein Herz hämmert wie wild. Ich glaube, ich war nie zuvor so aufgeregt. Heute werde ich ein Verbrechen begehen. Vorsätzlich, im Namen der Gerechtigkeit. Ob das vor Gericht zu mildernden Umständen führt, wenn wir erwischt werden? Wenn wir die Wahrheit sagen? Dass wir Beweise sammeln wollten, um auf Nummer sicher zu gehen? Und kann man für Einbruch ins Gefängnis wandern, wenn man erst zwölf ist? Firuz hat das verneint. Joy meinte, das gibt höchstens Sozialstunden, und Jack hat leicht panisch eingeworfen, dass das nicht passieren darf, weil sein Vater als Polizist sonst am Arsch ist.

Und ich hab gedacht, dann sind wir alle am Arsch. Gesagt hab ich aber nichts. Ich bin jetzt Teil der Neuen Heimat. Ich bin ein Ghetto-Kid. Ohne rich.

Eins, zwei, drei, atmen, atmen, atmen.

Vivien und ich liegen nebeneinander auf meinem Bett und gucken zusammen in den Nachthimmel. Sie ist total gechillt unterwegs. Vielleicht, weil sie von der Aussicht geflasht ist.

»Das ist zu krass, Enna. Guck doch, wie der Mond da hängt. Ist das schön!«

Ja, denke ich. Und wie gut es ist, Cleo jetzt hier zu haben, die keine Mutter mit Erziehungsauftrag, sondern eine ratgebende Hohepriesterin ist, die es nur logisch findet, dass Freundinnen beieinander übernachten, auch unter der Woche.

»Wie cool, dass deine Mutter so locker ist und gleich erlaubt hat, dass du bei mir schlafen darfst.«

Vivi grunzt leise. »Manchmal ist sie zu locker. Wie du ja schon mitgekriegt hast.«

»Du meinst den Abend in der Strandbar?«

Vivi nickt.

»Was meinst du, woran das liegt?«

»Schätze, sie ist einsam. Was sie vielleicht auch genießen könnte, wenn wir so eine Aussicht hätten. Aber wir wohnen ja nicht mal halb so hoch und bei uns gehen alle Fenster raus zu Turm Nummer drei. Da ist nix mit Sonne, Mond und Sternen. Da kannst du den Nachbar:innen aus der Fünften mit dem Fernglas beim Happy-Family-Abendbrot zusehen. Oder beim Streiten. Oder beim Pennen. Oder wenn du runter auf den Parkplatz guckst: Beim Autodemolieren.«

»Du hast ein Fernglas?«

Vivi hüpft aus dem Bett und wühlt in ihrem Schulrucksack. Sofort bereue ich meine Frage. »Sagte ich doch. Hier, ich habs extra mitgebracht, falls wir es heute brauchen. Das hat meine Mutter sich zugelegt, als sie einen Stalker an der Backe hatte. Damit siehst du alles. Guck …«

Wir gehen ans Fenster. Vivi legt ihre Arme um mich und hält mir von hinten das Fernglas an die Augen, dann führt sie meine Hände. »Hier musst du drehen, dann wirds scharf.«

Eins, zwei, drei, atmen. Wir drehen gemeinsam.

»Und?«

»Wow! Ich glaub, ich kann die ersten Sterne sehen!«

»Warte ab, bis das Flutlicht auf dem Sportplatz abgestellt wird, dann wirds noch besser!«

»Wann ist das?«

»Jetzt gleich, das ist ne Zeitschalte, die geht um 22.00 Uhr aus. Dann müssen die Ronaldos ins Bett. Danach hörst du nachts nur manchmal jemanden grölen, aber das sind keine Kinder oder Jugendliche von hier, sondern Besoffene, die sich verirrt haben. Aus der Kneipe. Oder aus dem Zirkus. Oder vom Rummel. Der kommt aber erst im Herbst. Jetzt kommt …«

»Ein Fahrrad!«, unterbreche ich Vivi.

Zosch!

Genau in dem Augenblick gehen unten auf dem Sportplatz die Flutlichter aus.

»Scheiße!«

»Scheiße? Scheiße?« Vivi lacht leise. »Dann dreh mal hier. Das Teil hat nämlich auch Nachtsicht. Nein, hier!« Vivi nimmt mir eilig das Fernglas aus den Händen und schraubt daran rum, während ich beobachte, wie plötzlich unten auf dem Sportplatz Lichter flackern.

»Was ist das?«

Vivien kneift die Augen hinter dem Fernglas zusammen. »Eine Taschenlampe? Taschenlampen? Oh fuck, nein, das sind Fahrradlichter!«

Ich zähle: »Eins, zwei, drei, vier, fünf … das ist eine richtige Fahrrad-Gang!«

Vivi nickt aufgeregt. »Ich sag doch, der Bernd ist okay. Der lügt seinen Sohn nicht an.«

»Aber was machen die da?«

»Kann ich nicht erkennen. Das Fernglas ist ausm Billo. War n Angebot.«

»Dann gehen wir jetzt runter! Und gucken uns das aus der Nähe an. Schließlich suchen wir einen Fahrraddieb.«

»Echt? Aber wir sind in zehn Minuten mit den anderen verabredet.«

»Die sollen ohne uns anfangen, wir kommen nach. Schreibs in den Chat.« Ich werfe Vivi mein Handy zu.

Dann schiebe ich die Decken und Kissen im Bett zusammen wie in einem schlechten Gangsterfilm. Vivi lacht lautlos. Und sie hat recht. Es sieht dilettantisch aus. Deshalb lasse ich noch die Bambus-Jalousie herunter und sperre das Mondlicht aus. Dann reiche ich Vivi das Fernglas und ihre Pufferjacke, schnappe mir selbst auch eine Jacke und stecke mein Handy ein. Wir lauschen an der Tür. Mama und Cleo reden im Wohnzimmer. Ich nicke: Go! Doch bevor ich die Türklinke drücke, hält mich Vivien am Arm fest.

»Enna?«, flüstert sie. »Kein Wort und kein *Toktoktok,* bis wir raus sind, okay? Du schaffst das!«

Ich schaffe es.

Im Hausflur geht das Licht automatisch an.

»Bewegungsmelder!«, zischt Vivi. »Renn!«

Wir rennen den Gang entlang bis zum Fahrstuhl, ich drücke, aber Vivi schüttelt entschieden den Kopf und zieht mich geradeaus zur Glastür, die auf die Nottreppe führt. »Sicher ist sicher, die Treppe nimmt niemand freiwillig, da sind wir safe.«

Aber dieses eine Mal liegt Vivien falsch. Kurz bevor wir unten ankommen, hören wir, wie sich im Stockwerk direkt über uns die Tür zur Nottreppe öffnet.

Vivi formt mit den Lippen lautlos ein »Fuck!«. Und ich spüre das Kribbeln kommen. Gerade noch rechtzeitig stößt Vivi die

Glastür der ersten Etage auf und zieht mich zurück in den Hausflur. Das *Toktoktok* kommt leise. Wir quetschen uns in die Ecke zwischen Fahrstuhl und Notausgang und stehen stocksteif, in der Hoffnung, dass die Tür nicht aufgeht. Sie geht nicht auf. Der Schatten läuft an uns vorbei und weiter die Treppe runter bis ins Erdgeschoss. Da wir unmöglich den Fahrstuhl nehmen, aber auch nicht hier stehen bleiben können, müssen wir auf demselben Weg wie der Schatten das Haus verlassen.

»Egal«, flüstert Vivien. »Wir wohnen hier, wir machen ja noch nichts Verbotenes, also komm!«

Langsam und sehr leise öffnen wir die Tür wieder und schleichen die letzten Treppenstufen bis ins Erdgeschoss runter. Von dort kann man weiter in den Keller oder durch eine schmale Glastür direkt ins Aquarium gehen. Doch gerade als wir das tun wollen, geht im Glaskasten das Licht an und wir sehen eine Gestalt durch den Raum zum Ausgang rennen.

»Der hats eilig«, flüstert Vivien und dann rennt sie selber los, ich hinterher.

Draußen ist es inzwischen richtig dunkel. Nur das Licht aus dem Aquarium leuchtet spärlich zwischen den langen Schatten, die der große Baum vor dem Haus wirft. Vivien zieht mich in das Halbdunkel des Müllplatzes. Wir kauern uns zwischen die Tonnen, bis das Licht im Aquarium ausgeht. Jetzt ist es hier stockfinster. Ich will die Taschenlampe an meinem Handy anmachen, aber Vivi legt ihre Hand auf meine.

»Lass aus. Ich kenne hier jeden Stein. Wir gehen rechtsrum über den Parkplatz, der ist beleuchtet. Aber bleib nah am Haus, nicht dass meine Mutter gerade zufällig auf dem Balkon steht, das ist nämlich unsere Seite.«

Vivien schlängelt sich über den Müllplatz und ich folge ihr. Wir biegen scharf rechts ab und laufen dicht an der Mauer unseres Hauses entlang. Vereinzelt scheint Licht aus den Fenstern über uns. Kurz bevor wir die Hausecke erreichen, stoppt Vivi und dreht sich zu mir um.

»Wir laufen nicht gleich hin, okay? Lass uns erst mal gucken, ob wir mit dem Fernglas von hier aus was sehen können. Wer weiß schon, wie die Typen drauf sind, die hier nachts rumcruisen.«

Ich drücke ihre Hand zum Zeichen, dass ich einverstanden bin. Und sie hält sie fest. Hand in Hand schleichen wir um die Ecke. Doch vom Sportplatz sehen wir gar nichts. Vivi kichert.

»Wir sind so blöd! Wir haben die Büsche an der Flutrinne vergessen.«

»Von oben sieht man ja auch nicht, wie groß die sind. Da sehen sie bloß aus wie kleine Kreise.«

»Und was jetzt?«

›Egal‹, denke ich. ›Hauptsache, sie lässt meine Hand nicht los.‹ Was sie nicht macht.

Stattdessen fragt sie mich: »Wieso hast du mich unter PJM abgespeichert? Was bedeutet das? Pimmel, Jesus, Motherfucker?« Wieder hämmert mein Herz. Was soll ich antworten? Die Wahrheit? Ich muss es erklären. Meinen allerersten Blick vom Balkon aus der 1404, das Mädchen in der Pufferjacke. Pufferjackenmädchen. Ich muss … wir starren auf die dunkle Wand vor und den Mond über uns. Ich fühle es kommen. Und gerade als es aus mir rausbrechen will, macht es plötzlich nicht weit entfernt von uns leise *Klick*. Wir halten den Atem an und krallen unsere Hände ineinander. Eine kleine Flamme findet rechts von uns ihren Weg zur Zigarette. In ihrem hellen Schein leuchtet für einen Augenblick Boulettes Gesicht auf. Der Zwerg steht an die Hauswand gelehnt und raucht. Himmel, was macht der denn hier? Um diese Zeit? Hat der kein Zuhause? Oder will der auch auf den Sportplatz? In der Stille der Nacht hören wir jetzt seinen Atem rasseln und ab und an ein leises Husten.

›Scheiße‹, denke ich, ›Scheiße! Scheiße‹, aber raus kommt nichts. Trotzdem kriege ich Panik. Ich kann meine Ticks nicht steuern. Oder nur ein bisschen und das klappt auch nicht immer. Und wie lange dauert eine Zigarette. Fünf Minuten? Oder zehn? Der Rauch weht in unsere Richtung. Boulette atmet schwer und räuspert sich umständlich, so als wolle der Frosch nicht rauskommen. Schließlich gibt er auf. Er lässt die Kippe auf den Boden fallen, tritt drauf und setzt sich in Bewegung. Aber zum Glück nicht in unsere Richtung. Ganz langsam steuert sein Schatten über den Wäscheplatz auf den Sportplatz zu. Als er außer Hörweite ist, atmen wir endlich auf.

»Jesus, was war das?« Vivis Stimme zittert. »Hatte der einen Schlafanzug an?«

»Jedenfalls nicht seinen Blaumann.«

»Vielleicht sein Freizeitdress und er geht jetzt nach Hause?«

»Never! Es ist nach zehn, entweder er arbeitet noch oder er …«

Bleibt stehen. Der Hausi bleibt vor der Flutrinne stehen!

Fieberhaft fummele ich das Handy aus meiner Jackentasche. Es klingelt nur einmal, dann geht Jack aufgeregt dran. »Spinnst du, Enna? Das klingelt doch im Hausflur. Willst du die Nachbarn wecken? Wo seid ihr überhaupt? Habt ihr Schiss, oder was? Wir stehen vor Boulettes Büro und warten auf euch! Die Tür sieht gut aus. Firuz meint, sie hat Spielraum. Joy will es zuerst mit der Krankenkassenkarte probieren …«

»Stopp, Jack! Ihr müsst aufhören!«, will ich schreien, aber es kommt nur ein heiseres Flüstern. Was auch besser ist, denn in diesem Moment setzt sich Boulette vor uns in Bewegung.

Vivien reißt mich am Ärmel. »Wollen wir ihm nachgehen? Dann schnell!«

»Und was ist mit denen?« Ich zeige Richtung Sportplatz.

Vivien ist unschlüssig. »Wollen wir uns trennen?«

»Auf keinen Fall! Wir bleiben zusammen!«

Aus dem Handy quäkt Jacks Stimme. »Was ist los, Enna? Enna? Wer trennt sich?« Ich höre Joy im Hintergrund leise fluchen und dann habe ich plötzlich Firuz am Ohr.

»Enna? Wo zum Teufel steckt ihr? Joy hat gerade ihre Karte in der Tür versenkt und kriegt sie nicht mehr raus … oh nein, jetzt ist sie draußen, aber abgebrochen. Schiebt euren Allerwertesten her und bringt am besten Werkzeug mit.«

»Sei still, Firuz!«, schieße ich leise, aber bestimmt los und Firuz ist sofort still. »Ihr müsst abbrechen! Boulette ist hier. Hier draußen, hinterm Haus! Keine Ahnung, wo der hinwill, aber vielleicht kommt er noch mal in sein Büro, ihr müsst abhauen!«

»Das geht nicht, Enna. Joys Karte steckt in der Tür! Da steht ihr Name drauf!«

»Dann holt sie raus!«

Vivien reißt mir gleich den Arm aus. »Enna! Boulette dreht ab, guck doch! Der kommt zurück!«

Tatsächlich dreht der Hausi auf dem Rasen eine Kurve und läuft jetzt wieder in unsere Richtung. »Firuz? Wir versuchen ihn abzulenken, aber viel Zeit habt ihr nicht, also macht gefälligst los«, brülle ich jetzt beinahe. Dann lege ich auf.

Eins, zwei, drei …

»Pimmel!«

Vivi nickt entschlossen. »Genau! Wir müssen den Zwerg überrollen und damit Zeit schinden. Angriff ist die beste Verteidigung! Komm, Enna!«

Vivi sprintet los. Ich hinterher. Aber sie ist schneller als ich. Viel schneller. Ihre Pufferjacke bläht sich im Lauf. Von hinten sieht Vivi aus wie eine Bowlingkugel. Und diese Kugel nimmt über den Wäscheplatz Kurs auf Boulette. Himmel, was soll das werden? Und zack! Die Kugel rammt den Kegel, der schwankt, die Kugel flitzt weiter und der Kegel kommt direkt vor meinen Füßen zu Fall. Ich kann gerade noch rechtzeitig zum Sprung ansetzen. Im Mondlicht fliege ich über den ächzenden Hausi, der mit geschlossenen Augen leise jammernd Stoßgebete zum Himmel schickt, lande und renne weiter Vivis Schatten hinterher, hüpfe über das in den Rasen eingelassene Trampolin, quetsche mich hinter ihr zwischen den Büschen durch, schlittere die grasbewachsene Böschung der Flutrinne runter und lasse mich von Vivis Hand auf der anderen Seite wieder hochziehen, um dann endlich freien Blick auf den Sportplatz zu haben oder zumindest durch die Gitter, die den Platz meterhoch einzäunen. Mein Blut rauscht in meinen Ohren.

Aus der Nähe sieht auf den ersten Blick alles ziemlich übersichtlich und unspektakulär aus. Fünf Fahrräder ziehen zwischen einem Parkour aus Colaflaschen ihre Kreise und Achten. Im Wechsel üben sie kleine Stunts auf den Vorderrädern oder das Bremsen auf den Hinterrädern, nur einer bleibt mit beiden

Beinen auf dem Boden. Die Fahrer, allesamt Jungs und älter als wir, sind konzentriert bei der Sache.

»Die kenn ich«, flüstert Vivi neben mir keuchend. »Die sind bei uns auf der Oberschule. Der auf dem Mountainbike in Rot ist Veit, der ist nett, und sein Buddy Steve ist der mit der Cap, außerdem Yildis und HaHa auf den BMX-Rädern und …«

»Haha?«

»Hans-Hugo, ganz schlimm, ich weiß, und der da hinten … ist das … Tobias?«

Tobi Totengräber. Das ist er. Der mit den langen Beinen. Und dem zu kleinen Rad. Mein Mund ist auf einmal ganz trocken. Und deshalb kommt auch nur ein leises Krächzen raus.

»Und das ist mein Fahrrad. Das ist mein Fahrrad, das der fährt!«

»Dein Rad, echt jetzt? Ist nicht wahr?« Vivien kann es nicht glauben.

So langsam kriege ich wieder Spucke.

»Und ob das wahr ist! Das ist mein Rad. Ich schwöre, Vivi!«

Plötzlich bin ich wieder total aufgeregt. Und Vivien total ruhig. Ganz langsam hebt sich ihre Augenbraue zu einer Welle, als sie mir tief in die Augen sieht.

»Irrtum ausgeschlossen, du bist dir sicher?«

Ich nicke so sehr, dass sich unsere Nasenspitzen fast berühren. Dann dreht sie den Kopf zurück zum Sportplatz und schaut hoch in den Himmel. Sie lässt die Pufferjacke von ihren Schultern gleiten und das Fernglas fallen. Und dann klettert sie los. Wie eine Zirkusakrobatin, die das schon tausendmal gemacht hat, rennt sie das Gitter hoch, das jetzt einen anderen Ton von sich gibt, als wenn Bälle dagegengezimmert werden.

Es ist ein langes, waberndes, metallenes Rasseln, nicht zu laut, aber laut genug, um die Jungs auf den Rädern zu warnen. Bremsen quietschen.

Vivien ist oben, schwingt erst das eine, dann das andere Bein über den Zaun, abwärts geht es noch schneller, es sieht aus, als ließe sie sich fallen, ihre Füße rattern über das Gitter, auf den letzten Metern stößt sie sich ab, springt und landet auf allen vieren wie eine Katze.

Mein Herz hämmert. Katzen haben sieben Leben. Und Wildkatzen, wie viele Leben haben Wildkatzen?

Eins, zwei, drei, atmen, atmen, atmen, beten.

»Ey, du Ficker!«, schreit die Wildkatze auf der anderen Seite des Käfigs, sprintet los und haut dem verdutzten Totengräber ihre Krallen in den Rücken. Und auch mir legt jemand seine Kralle auf die Schulter. Die stinkt allerdings nach Rauch.

»Wat treibt ihr denn hier, ihr Kanaken?«, will Boulette wissen. Seine Hand hat sich in meinem Genick festgekrallt, aber seine Worte schickt er durch das Gitter, in Richtung der Jungs.

»Alter, was geht dich das an?«, blafft Veit auf dem Mountainbike zurück und fährt zu uns ans Gitter. »Bist du die Polizei? Oder wer bist du?« Jetzt kommen auch die auf den BMX-Rädern näher. Der, der Yildiz heißt, rotzt auf den Boden.

»Hast du Kanake gesagt? Warst du das, du Würstchen? Wer bist du, dass du mich Kanake nennst?« Sein Ton ist aggressiv, obwohl er auf dem Bike lässig aussieht. »Wer du bist, hab ich dich gefragt!«

Frydetzki antwortet nicht, dafür Tobi Totengräber. Der im Hintergrund genauso am Genick festhängt wie ich. Allerdings bei Vivien. »Das ist Boulette«, kommt es zaghaft.

HaHa dreht sich auf seinem Rad zu Tobi um: »Bulle Boulette?« Er fährt eine Runde um Vivi und ihn. »Mit Senf oder Ketchup?«, fragt er, landet wieder vorne neben seinen Kumpels und glotzt den Hausi an. »Gibts auch ein Brötchen dazu oder bist du allein unterwegs?« Veit lacht kurz auf. Aber dann lässt er sein Rad fallen und kommt zu uns ans Gitter. Er breitet die Hände aus und greift in die Stäbe, direkt vor unseren Gesichtern. Ich kann das Weiße in seinen Augen leuchten sehen.

»Okay, Boulette. Als Erstes nimmst du deine Griffel von dem Mädchen, verstanden?«

Boulettes Griff wird fester. Und Veits Ton schärfer. »Nimm! Deine! Hände! Weg!«

Für einen Augenblick herrscht die totale Stille über dem Platz. Alle starren uns an. Dann hören wir eine Grille zirpen. Das Zirpen wird lauter. Yildiz sieht sich um. Und ich suche in meinem Mund nach Spucke. Eins, zwei, drei.

»Das ... das ist mein Telefon. Es klingelt«, sage ich und meine Stimme klingt überraschend fest.

Inzwischen ist das Zirpen der Grillen zu einem Grillenchor angeschwollen. Boulettes Hand in meinem Nacken löst sich. Veit geht einen Schritt zurück.

»Und jetzt lassen wir sie telefonieren, okay? Scheint ja was Wichtiges zu sein.« Veit nickt mir zu. »Also los, geh ran!«

Mist, verdammter. Atmen, Katzenbabys, Katzenbabys, Katzenbabys. Ich ziehe das Handy aus der Tasche. Auf dem Display steht Panda.

»Ja?«

»Wir sind fertig, Enna. Wo seid ihr? Boulette ist nicht aufgetaucht. Aber wir haben Beweise. Und Neuigkeiten! Big news.«

Atmen, lächeln.

»Mama? Nein, keine Sorge, alles gut, ich bin gleich zu Hause, fünf Minuten. Ich hab bloß meinen Schlüssel vergessen.«

Ich kann Firuz denken hören.

»Scheiße, Enna, wo seid ihr?«

»Kannst du vielleicht runterkommen? Ich muss doch mein Rad einschließen.«

»Ist Vivi bei dir?«

»Ja, Mama.«

»Seid ihr in Ordnung?

»Ja, Mama.«

»Wollen wir uns am Fahrradraum treffen?«

Ich zögere. Ist das eine gute Idee? Was ist, wenn Boulette mitkommt? Oder die Jungs?

»Nein, Mama, ich hab keinen Hunger mehr. Ich hab schon bei Oma gegessen.«

»Ist jemand bei euch?«

»Ja. Es gab lecker Kartoffelsalat und Frikadellen.«

Firuz kombiniert blitzschnell. »Verstehe. Boulette ist bei euch. Also dann, pass auf, Enna. Wir warten unter der Trauerweide, okay? Du weißt schon, der Baum, wo du dich am ersten Montag nach eurem Einzug versteckt hattest, um den Fahrradraum zu beobachten. Von dort sehen wir euch. Ihr seid nicht allein, okay, Enna? Wir sind da! Wir sind eine Gang. Deine Gang. Die Neue Heimat!«

Montag. Wie das klingt. So weit weg. Ich gucke ins Dunkel, wo ich Vivien vermute. Ich spüre ihre Anwesenheit. Dann muss ich lächeln.

»Danke, Mama, das ist lieb. Du bist die Beste! Bis gleich.«

Ich stecke das Handy zurück in die Tasche. Veit dreht sich belustigt zu seinen Buddies um und äfft mich nach: »Habt ihr das gehört? Ja, Mama, nein, Mama, du bist die Beste, Mama. Sie hat ne Supermutti am Start oder was meint ihr?«

»Fick dich!« Das war Vivi.

»Scheiße! Scheiße! Scheiße!« Das war ich.

Veit ist irritiert. »Und eine Superoma gibts auch. Wie schmeckt ihr Kartoffelsalat?«, versucht er die Situation zu überspielen.

Aber ich hab keine Lust mehr auf diese Spielchen. »Es gibt keinen besseren«, antworte ich. »Und jetzt müssen wir los. Wir gehen zu dritt. Tobias kommt mit. Er schiebt mein Fahrrad. Und Sie«, ich drehe mich zu Frydetzki, »fassen mich nie wieder an! Sonst erstattet meine Supermutti Anzeige. Verstanden?«

Soko Neue Heimat

Das Gesicht unserer Mathelehrerin sieht so zerfurcht aus wie das Leder ihrer Tasche. Aus der zieht sie einen Stapel Blätter und knallt ihn auf ihr Pult. Dann haut sie auf die Klingel. Sie haut die Klingel. Wirklich. Zwei, drei, vier, fünf Mal mit Wut.

»So, ihr Lieben. Eigentlich wollte ich in unserer letzten Stunde ein paar richtig schöne Spielchen mit euch spielen. Nur wurde ich heute früh für eine Vertretung eingesetzt. Ihr fragt euch, wie das geht, wenn ich selbst Unterricht habe? Nun, ich frage mich das auch. Leider ist im Schulamt niemand zu erreichen. Deshalb wünsche ich euch jetzt schon schöne Ferien. Wer Lust hat, ohne mich zu knobeln, kann sich hier gerne Zettel wegnehmen. Wer keine Lust hat, lässt es bleiben. Macht was ihr wollt, aber springt mir nicht aus dem Fenster, okay?«

»Logo, Frau Mahla, auf uns können Sie sich verlassen!«, ruft Paul und Carlos klatscht Beifall.

»Na denn.« Frau Mahla schnappt sich ihre Tasche, winkt und geht. Sofort bricht Tumult aus. Ein paar von den Pferdemädchen stehen auf und holen sich Zettel, aber die meisten quatschen einfach nur mit ihren Banknachbar:innen. Zum Glück hab ich keine. Meine Hände zittern, als ich das Handy raushole.

Ich tippe: *Wie gehts dir?*

PJM: *Spitze!* 👍

Ich tippe: *Bist du Batman?*

PJM: *Batwoman!*

Ich tippe: *Ich hatte so Angst, dass du runterknallst.*

PJM: *Ich bin bei Akrobatik.* GTA.

Ich tippe: *GTA?*

PJM: *Ganztagesangebot im Hort.*

Ich tippe: *Ah. Okay. Heißt bei uns AG.*

PJM: *AG?*

Ich tippe: *Arbeitsgemeinschaft.*

PJM: *Akrobatik ist keine Arbeit.*

Ich tippe: *Sondern?*

PJM: *Spaß! Im Sputnik gibts das auch. Training ist immer Dienstag. Auch in den Ferien.*

Ich tippe: *Sputnik? Was ist das?*

PJM: *Ein Jugendclub. Straßensozialarbeit oder so.*

Ich tippe: *Die mit dem Fest morgen?*

PJM: *Jepp!*

Ich tippe: *Und wo ist das?*

PJM: *In Haus fünf. Kennste nicht? Jeder Turm hat was im EG. In der Fünf gibts den Sputnik und in der Drei die Seniorenbegegnung.*

Ich tippe: *Und bei uns?*

PJM: *Wir haben Boulette.*

Ich tippe: *Der in seiner Werkstatt WOHNT, wie wir jetzt wissen.*

PJM: *Büro, bitte.*

Ich tippe: *Das ist garantiert nicht erlaubt! Sind die anderen schon dran?*

PJM: Die *werden gerade abgeholt. Danach legen sie los.*

Ich tippe: *Bin so gespannt.*

Ich tippe: *Der Tobi tut mir ein bisschen leid.*

PJM: *Aber nur ein bisschen.*

Ich tippe: *Warum hat er nicht einfach gefragt, ob er sich das 🚲 ausleihen kann?*

PJM: *Hat er doch. Er hat dir einen Brief geschrieben.*

Ich tippe: *Den die Ratten gefressen haben …*

PJM: *Und er hat Wiedergutmachungskuchen geschickt.*

Ich tippe: *Den auch die Ratten gefressen haben.*

Ich schicke hinterher: *Glaubst du, der ist in deine Mutter verknallt?*

PJM: *Aber so was von!* 💘

Ich tippe: *Hat sie ihm wirklich einen* 🚲*-Ausflug versprochen?*

PJM: *Hat sie nicht! Sie hat gesagt, dass sie gerne mal wieder Rad fahren möchte.*

Ich tippe: *Mit Tobi?*

PJM: *Na und? Besser als alleine und mit* 🍹🍾🥂!

Ich tippe: *Immerhin kann er jetzt fahren.*

PJM: *Er hat ja auch auf einem Kinderfahrrad geübt, der Schisser.*

Ich tippe: *Was jetzt nicht gerade sexy aussieht mit seinen langen Beinen.*

PJM: *Wir können Frau Weißhaupt fragen. Vielleicht leiht sie ihm ihres. Das hat auch einen Korb.*

Ich tippe: *Wieso Korb?*

PJM: *Tobi bringt Kuchen mit.* 😂😊

Ich tippe: *Zum Ausflug?*

PJM: *Zum Sommerfest vom Sputnik.*

Ich tippe: *Und wir? Was bringen wir eigentlich mit? Wir sollen zwei Hunderter ausgeben! Das ist echt viel Geld!*

PJM: *Ich bin für Zuckerwatte! Ich wollte immer schon mal so eine Maschine bedienen.* 😋

Ich tippe: *Aber wo kriegen wir die her?*

PJM: 🎪*? Die haben eine. Ich kenn den Typ, der die bedient. Für Geld leiht der mir auch seine Oma.*

Ich tippe: *Uschis haben wir selbst genug. Aber Zuckerwatte für Uschis: Knaller!*

Und erschrecke zu Tode, als mir plötzlich jemand auf die Schulter tippt. Hinter mir steht Annika. Keine Ahnung, wie sie dahingekommen ist.

»Enna?« Sie druckst rum. »Ich wollte … ich wollte nur sagen, dass es mir leidtut.«

»Was genau jetzt?«

»Na … alles.«

»Okay.«

»Okay?«

»Okay.«

»Okay. Dann … schöne Ferien.«

Mein Handy vibriert. Ich gucke Annika an, wie sie mich anguckt. Und werde ungeduldig. Ich weiß nicht, was sie von mir will. Und sie weiß es offensichtlich auch nicht. Denn sie geht wieder zurück zu ihren Pferdemädchen. Wenn ichs mir genau überlege, hängen ihre Schultern ganz schön durch in letzter Zeit. Mein Handy vibriert wieder.

PJM: *Enna? Bist du noch da?*

Ich tippe: *Bin ich.*

PJM: *Bis gleich in der 1202!*

Die Twins sind aufgekratzt ohne Ende. Und das nicht ohne Grund. Freudestrahlend öffnen sie mir die Wohnungstür und führen mich schnurstracks zum Kinderzimmer. Bevor ich eintreten darf, muss ich die Schuhe ausziehen. Erst krieg ich ein bisschen Schiss, aber ich merke schnell, dass die Luft rein ist. Und nicht nur die Luft. Der Raum ist nicht wiederzuerkennen. Das Rattenparadies ist bis auf das letzte Sandkorn verschwunden, Boden und Fenster sind geputzt und glänzen im Sonnenlicht. Rechts und links vom Fenster stehen zwei der drei Couchs aus dem Wohnzimmer, die ohne Bettzeug richtig stylish und auch ein bisschen einladend aussehen. Was an der Armee von Kuscheltieren liegen kann, die mich aufgereiht von einer der Rückenlehnen angrinsen. Auf der anderen Couch sitzt Vivi und grinst mich auch an. Sie streichelt das Kaninchen mit Gipsfuß auf ihrem Schoß.

Zwischen den beiden Couchs steht ein langer Schreibtisch, den ich noch nie gesehen habe. Vermutlich war er irgendwo im Wohnzimmer verschüttet. Sofort habe ich Lust mir auch das anzugucken, aber Firuz ist ungeduldig. Er sitzt hinter dem Schreibtisch wie ein Mafioso und lässt pausenlos seinen Kugelschreiber klicken. Vor ihm liegt der Heimtierkalender.

»Jetzt komm rein und setz dich, Enna! Setzt euch jetzt alle. Ja, du auch, JJ!«

Jack und Joy steuern sofort auf die Couch mit den Kuscheltieren zu, während Vivi mit der freien Hand neben sich auf die Couch klopft und mir so zeigt, wo mein Platz ist.

Jack steht noch mal auf und legt mir ein Kuscheltier in den Schoß. Denke ich. Doch dann sehe ich, dass es echt ist und lebt.

»Klümpchen!«, freue ich mich über das Fellknäuel.

»Neuer Pflegefall«, flüstert Jack. »Seine Geschwister haben ihn aus der Dusche verjagt!«

»Voll das Mobbing.« Joy verdreht die Augen.

»So, haben wir es jetzt?«, brummt Firuz. »Kriegt jeder seine Streicheleinheiten?«

Die Twins wackeln im Chor mit ihren Köpfen: »Aye, aye, Sir!«

»Na dann.« Firuz hört endlich auf, den Kuli zu bearbeiten. »Wie ihr sehen könnt, waren wir auch fleißig, während ihr in der Schule geschwitzt habt. Wir haben den Ratten bei Aysa im Tattoo-Studio ein neues Zuhause besorgt – artgerecht und speziell, wenn ihr mich fragt. Und wir haben das alte Zuhause von JJ in ein neues verwandelt – zumindest bis zum nächsten tierischen Notfall. Also guckt euch später gerne noch um, so schön wirds wahrscheinlich nie wieder. Aber jetzt müssen wir als Erstes unseren Erpresserbrief abstimmen, denn den haben wir auch fertig. Wir müssen ihn nur noch abtippen, womit wir bei Problem eins sind: Wir haben keinen Computer und keinen Drucker. Und Problem zwei: Wir wissen auch noch nicht genau …«

»Wie wir unterschreiben sollen«, beenden die Zwillinge unisono den Satz.

»Ich finde, wir sollten mit Polizeihauptkommissar unterschreiben!«, sagt Jack bestimmt.

»Das geht nicht, das ist Urkundenfälschung. Damit machen wir uns strafbar!«, empört sich Joy.

»Ach, und mit einem Einbruch und einem Erpresserbrief machen wir uns nicht strafbar, oder was?«, faucht Jack seine Schwester an. Wow, die Twins können streiten.

»Jetzt lest doch erstmal vor, was ihr habt!« Vivien ist genauso neugierig wie ich. Und genauso skeptisch. »Vielleicht ist das mit dem Brief auch gar nicht so eine gute Idee.«

»Was?!«, die Twins sind jetzt wieder zusammen. Zusammen enttäuscht. »Wir haben über zwei Stunden daran geschrieben!«

»Na, dann los! *Toktoktok*« Ich lächele aufmunternd.

Und Firuz räuspert sich. Er blättert den Kalender auf März. Dann liest er vor:

Anklageschrift im Ermittlungsverfahren gegen
Frydetzki, Peter

Sehr geehrter Herr Peter Frydetzki,

im Zuge ausgedehnter Ermittlungen im Wohngebiet Endestraße/Neue Heimat werden Sie folgender Straftaten beschuldigt:

Sachverhalt:

* Hausfriedensbruch/unbefugtes Betreten von Mieteigentum unter falschem Vorwand, mehrfach
* Diebstahl, mehrfach
* Betrug, mehrfach
* Diskriminierung, mehrfach
* Verbreitung rassistischer/antisemitischer Äußerungen, mehrfach
* Vortäuschung einer Meldeadresse: Scheinanmeldung/Falschanmeldung/Nichtanmeldung

Belehrung:
1.) Sie werden ausdrücklich darauf hingewiesen, dass der planmäßige Missbrauch von Beruf oder Gewerbe, aus dem eine oder mehrere Straftaten hervorgehen, mit einem Berufsverbot belegt werden kann. § 70 Abs. 1 StGB.

2.) Laut Allgemeinem Gleichbehandlungsgesetz (AGG) § 1 liegt eine Diskriminierung vor, wenn eine Person aus Gründen der Rasse oder wegen der ethnischen Herkunft, des Geschlechts, der Religion oder Weltanschauung, einer Behinderung, des Alters oder der sexuellen Identität benachteiligt wird.
Strafbar sind rassendiskriminierende Äußerungen und Handlungen, wenn sie in der Öffentlichkeit begangen werden. Das Kriterium der Öffentlichkeit ist erfüllt, wenn Äußerungen am Arbeitsplatz stattfinden.

3.) Sie werden außerdem darauf hingewiesen, dass gemäß Bundesmeldegesetz (BMG) jede in Deutschland lebende Person verpflichtet ist, sich bei der für ihren Wohnort zuständigen Meldebehörde innerhalb von zwei Wochen nach Einzug in die Wohnung anzumelden, § 17 Abs. 1 BMG. Ein Verstoß hiergegen, genauso wie die Scheinanmeldung/Falschanmeldung eines Wohnsitzes, stellt eine Ordnungswidrigkeit dar und führt zu einer Geldbuße, § 54 BMG.

Sollten Sie keinen festen Wohnsitz vorweisen können, sind Sie eine obdachlose »Person ohne festen Wohnsitz« (PofW) und können sich unter diesem Begriff beim Meldebüro registrieren lassen. Damit bleibt der Anspruch auf Sozialleistungen bestehen, wenn eine Postadresse nachgewiesen werden kann.

Hierfür wird Ihnen – wenn Sie die Ihnen auferlegten Wiedergutmachungsmaßnahmen erfüllen – die Sondererlaubnis erteilt, die Adresse Ihrer Arbeitsstätte/Werkstatt/Büro anzugeben.

Hinweis:
Für alle oben genannten Straftaten liegen uns zahlreiche Zeug*innenaussagen und Beweismittel vor. Da es sich bei Ihrer Person jedoch nicht um das Zielobjekt unserer Ermittlungen handelt, sehen wir davon ab, die Ihnen zur Last gelegten Straftaten an die Staatsanwaltschaft zu übergeben, wenn Sie die folgenden Wiedergutmachungen zeitnah (maximal 72 Stunden) leisten:

- Rückgabe aller entwendeten Güter an die Eigentümer*innen, auch anonym möglich
- Entschädigung (monetär/kostenloser Arbeitseinsatz) für nicht erstattungsfähige, wiederbeschaffbare Güter, auch anonym möglich
- Das sofortige Unterlassen jeglicher diskriminierender Äußerungen und Handlungen am Arbeitsplatz. Wir erwarten von Ihnen zukünftig einen allzeit freundlichen Umgangston in den Begegnungen mit allen Bewohner*innen und Besucher*innen des Wohnobjektes Endestraße/ Neue Heimat.

Kommen Sie diesen Aufforderungen nicht unmittelbar nach, sehen wir uns gezwungen, die Strafverfolgung aufzunehmen.

Mit freundlichen Grüßen …

»Der Polizeihauptkommissar!«, ruft Jack begeistert.

»Auf keinen Fall!«, schreit Joy. »Dann mach ich nicht mehr mit bei der Neuen Heimat!« Bockig verschränkt sie ihre Arme vor der Brust.

»Dann sagt ihr jetzt was dazu!« Auch Jack verschränkt die Arme. Trotzig starren die beiden uns an. Wir starren zurück. Ungläubig.

Vivi findet als Erste Worte. »Alter, wo habt ihr das her?« Sie steht auf, geht zum Schreibtisch und blättert den Heimtierkalender mit dem Gekritzel drei Seiten zurück. Dann sieht sie Firuz an. Firuz hebt abwehrend die Hände. Zeigt dann mit dem Kuli rüber zu den Zwillingen. Und Vivi wiederholt: »Wo habt ihr das her, verdammte Scheiße!?«

Die Twins gucken sich an, verstehen die Frage nicht.

»Ausm Kopf?« Jack ist sich unsicher, ob das die richtige Antwort auf Vivis Frage ist.

»Nicht gut?«, fragt Joy. Jetzt auch zweifelnd.

»Nicht gut?« Vivi ist entsetzt. »Das ist … das ist …«

»Brillant!«, springe ich ein und gleichzeitig auf. Klümpchen in meiner Hand maunzt erschrocken. »Ihr seid zu krass. Jack – ich denke, du kannst keine Fremdwörter?«

»Kann ich auch nicht.«

»Alter, und was ist mit«, Vivi blättert aufgeregt, »›Diskriminierung‹? Und hier, ›monetär‹, und diese ganzen Paragrafen, und das alles, voll die topp Formulierungen, das sind …«

»Keine Fremdwörter«, sagt Jack gelassen, »die kennen wir ja.«

»Oder wissen, wo man die nachguckt.« Joy.

»Woher, woher wisst ihr das? *Toktoktok.*« Ich kann mich gar nicht beruhigen.

Die Twins überlegen. »Wir waren ja oft bei Vati auf der Arbeit. Als Mutti krank wurde, sind wir nach der Schule immer hin«, fällt Jack ein und Joy ergänzt: »Hausaufgaben machen.« Beide nicken.

»Alter, und die habt ihr richtig super gemacht!« Vivi klatscht mit den beiden ab. Die lächeln verdutzt.

»Also findet ihr den Brief gut?«, fragt Joy vorsichtshalber trotzdem noch mal.

»Der ist klasse!«, versichere ich. »Und ich werde ihn abtippen und ausdrucken, Laptop, Drucker, ich hab alles am Start.«

Vivis Augen blitzen. »Rich Girl, sag ich doch!«

Aber bevor ich nachhaken kann, wie das gemeint ist, meldet sich Firuz zu Wort: »Okay, stopp, damit ist Problem eins gelöst. Bleibt Problem zwei. Wie unterschreiben wir?«

Kurz ist Stille, aber dann läuft mein Gehirn wieder. »Wie wäre es mit Soko?«

»Und was heißt das?« Firuz runzelt die Stirn.

»Sonderkommando!!«, schießt es von der Couch.

Und Joy ist endlich überzeugt. »Das ist richtig gut, Enna! Unterschreib mit *Soko Neue Heimat.* Denn das ist die Wahrheit.«

»Und wer bringt den Brief zu Boulette?«

»Der Postbote natürlich.« Firuz versteht meine Frage nicht.

»Du willst den Brief mit der Post schicken? Dann geht er frühstens morgen weg und kommt garantiert erst Montag an.«

»Na und?«

»Na und? Boulette soll jetzt sein Fett abkriegen, nicht irgendwann! Und außerdem glaube ich nicht, dass ein Sonderkommando, das verdeckt ermittelt, zur Post geht.«

Firuz stöhnt. »Alles klar, dann schicken wir den Brief heute noch mit der Hauspost raus. Ich übernehme das. Wann kann ich ihn bei dir abholen, Enna? In einer Stunde?« Ich nicke. Firuz steht auf. »Ich muss jetzt los.«

»Hunderunde?«

»Hunderunde!«

Jack nimmt mir Klümpchen ab. »Wir wollen jetzt auch wieder ran. Stube putzen und einkaufen.«

Firuz, der schon die Klinke in der Hand hat, dreht sich noch mal um. »Aber vergesst den Einkaufszettel nicht und ich will …«

»Den Kassenbon sehen!«, leiern die Twins im Chor.

›Alles klar‹, denke ich, ›die hatten heute ganz sicher den anstrengenderen Tag‹.

Kopfnoten

Der Freitag beginnt mit einem Schock. Ich weiß nicht warum, aber irgendwie habe ich heute nicht damit gerechnet, Boulette zu sehen, als ich das Haus verlasse. Dabei sitzt er wie immer auf der Bank und raucht. Und ich muss an ihm vorbei zum Fahrradraum, jetzt wo ich mein Rad wiederhabe. Ich nuschele »Guten Morgen« und er brummt etwas zurück, das ich aber nicht verstehe.

Am Abzweig Endestraße halte ich kurz und schicke eine Warnung in den Neue-Heimat-Chat: *Achtung, Boulette sitzt unten vorm Haus!*

Es dauert keine zwei Sekunden, bis Antwort kommt.

PJM: *Okay, und? Was macht er fürn Eindruck?*

Ich tippe: *Sah leider ganz normal aus.*

PJM: *Also wie ein Zwerg mit* 🧢?

Ich tippe: *Yes! Also entweder er hat den* 💌 *noch nicht gelesen.*

Firuz: *Oder er hat ihn nicht verstanden.* 😱

PJM: *Oder er will sich nichts anmerken lassen. So würd ichs machen. Wenns richtig hart kommt, dann werde ich sogar von alleine ganz ruhig.*

Es gibt echt einiges, um das ich Vivien beneide. Aber das ist mit Abstand das Beste.

»Fuck, Fuck, Fuck! Pimmel, Scheiße, Fuck!«

Ich würde das so gerne können!

Ich tippe: *Muss weiter, Schule ruft.*

Firuz: *Dito. Gehen wir zusammen zum Bus?*

PJM: *Bin schon im Fahrstuhl. Warte unten.*

JJ: *Wir brauchen noch. Haben gerade nen Geschwisterstreit.*

Firuz: *Ich hoffe nicht wegen des Einkaufs!*

JJ: *Nicht wir! Die!*

Und dann schicken die Twins ein Foto von Klümpchen. Und eins von Jacks Gesicht, das jetzt einen fetten Kratzer hat.

PJM: 🙉

JJ: *Halb so schlimm.* Und: *Selbst Schuld. Man soll sich nicht einmischen, wenn Geschwister sich streiten.*

JJ: *Nie!*

PJM: *Thank you! Das merken wir uns.* 💋💋

PJM: *Bin unten. Kann Boulette sehen.*

Firuz: *Was macht er?*

PJM: 🚬

Das macht Cleo auch, als ich nach Hause komme. Sie sitzt auf der Chaiselongue, studiert Notenblätter und nuckelt dabei an einer Schokoladenzigarette.

»Enna, mein Herzblatt, das ging ja flott. Nix mehr los am letzten Schultag, was?«

Ich schüttele den Kopf, seufze »Nur Zeugnisse« und lasse an Ort und Stelle meinen Rucksack fallen. Dann sehe ich den Hocker.

»War Herr Konopka hier?«

Cleo grinst.

»Wenn Herr Konopka Bernd heißt, dann war er hier.«

Bernd, oha.

»Wie findest du ihn?«

Cleo überlegt lange. Das wundert mich. Schließlich sagt sie:

»Da nett die kleine Schwester von Scheiße ist, sage ich lieber beeindruckend. Beeindruckend freundlich.«

»Hat er dir seinen Bohrhammer angeboten?«

»Wie bitte?« Cleo wird ein bisschen rot. »Ist das ein Code? Jugendwort des Jahres oder so?«

Ich schüttele den Kopf. »Nein, es ist einfach nur ein Werkzeug mit dem du hier in die Wände kommst.«

Cleo lacht erleichtert. »Hat er nicht, tut mir leid. Aber Bernd hat Fisch für dich mitgebracht. Den ich dankend abgelehnt habe. Ich hoffe, das war in Ordnung? Du bist doch noch Vegetarierin, Enna?«

Ich nicke.

Cleo klopft auf die Kissen neben sich. »Komm, setz dich zu mir und halte mich vom Arbeiten ab.«

Verschwitzt und müde wie ich bin, nehme ich die Einladung an, lasse die Beine über das geschwungene Kopfteil baumeln und lege meinen Kopf in Cleos Schoß.

»Willste mal zeigen, dein Zeugnis?«

»Willste wissen, ob ich abgekackt bin nach der Trennung meiner Eltern?«

»Bist du?«

»Nö.« Ich angele mit dem Fuß nach meinem Rucksack, krieg ihn aber nicht zu fassen. Cleo kichert, macht aber keine Anstalten mir zu helfen.

»Sags mir einfach.«

»Alles wie immer: Einsen, Zweien, zwei Dreien. Und eine Vier«, ich zögere, »minus.«

»Worin?« Cleo versucht gleichgültig zu klingen, aber mir kann sie nichts vormachen. Genauso wenig wie ich ihr. Also probiere ich es erst gar nicht.

»Betragen.«

»Betragen? Was ist das denn für ein Fach?« Cleo ist ehrlich überrascht. Klar, sie hat keine Kinder. Und sie kommt aus Westdeutschland.

»Das ist kein Fach. Das ist eine Kopfnote. Die gibts für Mitarbeit, Ordnung, Fleiß und eben für Betragen.«

»Aha. Und dein Kopf hat sich also nicht gut betragen.«

»Nee, macht er nie. Der muss ständig dazwischenquatschen.«

Cleo fährt mir mit ihren Fingern sanft durch die Haare. »Stella sagt, du willst nicht, dass sie die Schule informiert wegen …« Jetzt zögert sie.

»Meinen Ticks? Nee, will ich nicht. Was ändert das schon? Außer, dass sich dann niemand mehr traut Behindertenwitze zu machen.«

»Das wäre ja immerhin etwas.«

»Aber das wäre nicht aufrichtig. Und ändert gar nichts. Jedenfalls nicht in meinem Kopf.«

»Aber vielleicht in deren. Manchmal muss man die Leute zum Nachdenken zwingen. Und Stella könnte einen Nachteilsausgleich erwirken, der sich auf deine Noten auswirkt.«

»Na toll, dann krieg ich eine Eins in Betragen und kann mich gleich mit den Pferdemädchen zur Reitstunde anmelden. Nee, lass mal. Ich bring schon genug Leute zum Nachdenken.«

»Redest du von eurem Problem?«

»Auch.«

»Wie läufts damit? Hat die Hohepriesterin einen gangbaren Weg aufgezeigt oder war die besoffen vor lauter Freude, dich wiederzusehen und deine wirklich netten Freund:innen kennenzulernen?«

Ich lächele. »Wir werden sehen. Noch ist der Drops nicht gelutscht.«

Cleo lacht. Dann krault sie mir den Kopf. Und ich schlafe ein.

Vivis Stimme ist es, die mich weckt. Sie reißt mich aus einem merkwürdigen Traum, in dem Papa, der Boulettes Schlafanzug anhat, von fahrradfahrenden Zombies über den Sportplatz gejagt wird und ich ihn anschreie, dass er das Gitter hochklettern muss bis in den Himmel, denn nur ganz oben sind wir sicher. Was ich weiß, weil ich schon oben bin. Ich sitze auf dem Zaun und strecke Papa meine Hand entgegen, mit der ich ihn hochziehen will, aber dann sehe ich, dass meine Hand tätowiert ist wie ein Röntgenbild. Und über den Anblick der Knochenmalerei erschrecke ich so sehr, dass ich kopfüber vom Zaun kippe. Während ich falle, merke ich, dass ich fliegen kann. Kurz vor dem Boden bekommt meine Pufferjacke Aufwind. Ich fliege um unser Hochhaus und schaue Sandmännchen-like bei meinen Freund:innen in die Fenster. Und da sehe ich Vivien in ihrem Zimmer, sie macht Handstand unter einer …

»Erde an E.T., das Raumschiff landet!«, haucht Vivien mir ins Ohr, das nicht mehr auf Cleos Schoß liegt.

Ich öffne die Augen und bin sofort da. »Hast du eine Palme in deinem Zimmer?«

Vivien guckt mich an. »Wie kommst du denn darauf?«

»Weils zu dir passen würde.«

Vivi nickt. »Ich hab eine Palme. Und nicht nur eine.«

»Darf ich mir die mal angucken?«

»Darfst du.«

»Aber jetzt guckt euch erst mal das hier an!«, schreit es vom Balkon. »Das sieht gut aus, Kinder! Wie schön, dass du heute früher freimachen konntest, Stella!«

Cleo und Mama stehen Arm in Arm und feiern die Aussicht. Und die ist heute nicht nur himmelwärts vielversprechend. Der Wäscheplatz ist mit Wimpelketten geschmückt und zwischen den Leinen sind Bierzeltgarnituren aufgebaut. Es gibt ein kleines, altmodisches Kettenkarussell und einen Eiswagen. Außerdem einen Grillstand, aus dem es gerade qualmt, was aber nichts macht, da die Feuerwehr zum Anfassen direkt daneben ihren Wagen stehen hat. Zwischen den Bäumen und Sträuchern an der Flutrinne sind Slacklines gespannt, die ersten Kinder sieht man schon balancieren. Über die Flutrinne hat außerdem jemand Holzbohlen zu einem Steg gelegt, damit man leichter rüber zum Sportplatz kommt und nicht den weiten Weg außenrum laufen muss. Auf dem Platz stellt gerade jemand Kegel auf. Hinter dem Gitter befestigt ein anderer rotweißes Flatterband zwischen den Bäumen. Und stellt sich dabei ziemlich ungeschickt an.

»Ist das nicht der Clown aus dem Zirkus?« Ich zeige zum Flatterband und Vivi nickt.

»Aber der macht heute keine schlechten Witze. Der macht Lama-Reiten, wobei ich nicht weiß, ob das besser ist.«

Plötzlich … rollt ein Gewitter heran? Für Sekunden donnert und knarzt es vom Hof gegen die Hauswände. Dann folgt Stille.

»Tschuldigung«, vermeldet eine Stimme durchs Mikrofon. Sie klingt heiter. Und nach Bernd. »Das war der Soundcheck.

Und jetzt gibts Musik! Auf Wunsch einer einzelnen Lady starten wir die Ferienzeit mit einem Sommerflirt.«

Und dann gibt es Musik. Also zuerst kommt Wellenrauschen, dann Keyboard und dann ein paar vereinzelte Schreie, die wahrscheinlich Beach-Vibes verbreiten sollen.

Cleo knufft Mama, die ungläubig lauscht, zärtlich in die Seite. Und dann singt eine Frauenstimme irgendwas, was ich nicht verstehe, und die beiden drehen plötzlich vollkommen frei. Ernsthaft! Sie wackeln auf dem Balkon mit ihren Hintern und verdrehen die Arme, und bis ich schnalle, dass es sich um eine Choreo handelt, grölen sie bereits lautstark den ersten Refrain mit. Irgendwas mit Mister Wichtig, du tickst wohl nicht ganz richtig.

»Scheiße! Scheiße! Scheiße!«

»Nix Scheiße!« Vivi guckt auf ihr Handy und wird auch hibbelig. »Komm jetzt, Enna, wir legen los.« Und zu Mama und Cleo: »Wir haben nämlich auch einen Stand, direkt hier drunter, bis gleich!« Und während Mama und Cleo wie zwei wild gewordene Hühner weiterflattern, zieht sie mich energisch vom Balkon.

Meine Schuhe muss ich im Fahrstuhl anziehen, Vivi checkt währenddessen ihr Handy, das unaufhörlich Benachrichtigungstöne von sich gibt.

»Scheiße, Vivi, mach das aus, mein Hirn klingelt!«

Aber Vivi hört mich nicht. Sie starrt auf das Handy und schüttelt den Kopf wie ein Wackeldackel. Schließlich hält sie mir das Display vor die Nase. »Volltreffer, Enna! Er ist es! Guck dir die Fotos an. Das ist wie Nikolaus, nur ohne Schuhe. Guck, was die Leute vor ihren Türen liegen haben. Das ist Boulettes halbes Büro!«

Ich nehme Vivi das Handy ab und scrolle mich durch die Bilder, die die Twins und Firuz im Wechsel in den Chat stellen: Kuckucksuhr, Wandteller, Besteckkasten, Armbanduhr, Feuerzeug, Ventilator, Drucker, Wasserkocher ... Auf jeder Etage gibt es mindestens einen, manchmal sogar zwei Geschädigte. Und wenn man davon ausgeht, dass manche Sachen längst verkauft wurden, sind es garantiert noch mehr.

»Krass! Und guck mal hier, Vivi. Boulette hat nicht nur Wertsachen gestohlen, sondern anscheinend auch Dinge für den täglichen Gebrauch.« Ich zeige Vivi ein Foto, das gerade aus der Sieben reingekommen ist.

»Was ist das?«

»Ich würde sagen eine WC-Garnitur?«

»Eine was?«

»Eine Klobürste – mit Topf!«

Vivi sieht mich entgeistert an. »Scheiße.«

Ich muss lachen, aber Vivi rollt mit den Augen. »Die arme Sau, kann einem ja fast leidtun.«

»Aber nur fast.«

Dann sind wir unten. Vivi rast zur Sprechanlage, drückt eine Nummer und schreit in den Lautsprecher: »Du kommst heute runter, Mama! Steh auf, wasch dich, zieh dir was an und komm! Dann! Runter!« Und ohne eine Antwort abzuwarten, rast sie weiter durchs Aquarium nach draußen.

Eins, zwei, drei, atmen.

Ich hinterher.

Bernd trifft Mamas und Cleos Musikgeschmack offensichtlich auf den Punkt. Anders ist es nicht zu erklären, dass sie seit

Stunden zwischen einer Horde von Kindern barfuß vor seinem DJ-Pult im Gras rumhopsen. Stunden, in denen wir Boulette nicht zu Gesicht gekriegt haben.

»Guck mal, wer da kommt!« Vivi zeigt auf zwei Uschis, die sich untergehakt haben und zielgerichtet auf einen der Biertische vor unserem Stand zusteuern. »Ist das nicht Frau Schnauz mit eurer Nachbarin?«

»Frau Lämmerhirte, genau, das ist die im Zaubermantel. Und soll ich dir verraten, was als Nächstes passiert?«

Vivi sieht mich skeptisch an. »Na, dann sag doch.«

»Moment!« Ich schließe die Augen und bedecke die Lider theatralisch mit den Fingern. Dann orakele ich drauflos. »Noch bevor sie sich setzen, zaubert Frau Lämmerhirte aus den Weiten ihres Mantels zwei Plastikgläser. Mit einem zweiten Zaubergriff erscheinen sodann aus dem Nichts zwei kleine Fläschchen Sekt auf dem Tisch. – Vivi du musst sagen, wenn ich recht habe, okay? Ich will hier schließlich nicht erblinden.«

»Okay.«

»Okay, was?«

»Okay, du hast fast recht. Wenn du jetzt die Augen wieder aufmachst, dann guck hin, aber unauffällig.«

Ich mache die Augen auf. Und atme. Eins, zwei, drei, atmen, lächeln, Katzenbabys. Keine vier Meter entfernt steht jetzt der Hausi am Tisch der Uschis und … serviert Gegrilltes? Gerade schüttelt Frau Lämmerhirte den Kopf, dann treffen sich zufällig unsere Blicke und sie winkt mir aufgeregt zu. »Mist!«, entfährt es mir, aber Vivi bleibt cool. Ohne selbst hinzusehen fragt sie: »Was ist? Gucken sie her?«

»Sie gucken nicht nur, sie winken.«

»Dann geh hin, aber …« Vivi reicht dem Knilch vor sich eine Ladung Zuckerwatte rüber und schnappt sich gleich den nächsten Holzstab, den sie in der Maschine kreisen lässt. »Vergiss die Zuckerwatte für Frau Schnauz nicht. Hier, bitte!«

Ich bin noch nicht am Tisch, als Frau Lämmerhirte mich bereits ankündigt wie eine Zirkusnummer. »Und das ist die zauberhafte Tochter meiner zauberhaften Nachbarin. Enna, Liebes, magst du vielleicht eine Wurst haben? Der Herr Hausmeister hat was übrig. Und uns ist gerade nicht danach, nicht wahr, Irmi?«

»Oh, vielen Dank, das ist wirklich nett von Ihnen, Frau Lämmerhirte. Und von Ihnen natürlich auch, Herr Frydetzki. Nur leider bin ich Vegetarierin, ich esse gar kein Fleisch. Schon seit Jahren nicht mehr.«

Die Uschis werfen mir mitleidige Blicke zu. Der Hausi weiß nicht, wie er gucken soll, also versucht er es mit einem Lächeln. Ich lächele zurück und reiche die Zuckerwatte an Frau Schnauz. »Und das ist für Sie! Mit bestem Gruß von der Zuckerwattefee!« Ich trete zur Seite und gebe den Blick auf Vivien frei, die jetzt zu uns rüberwinkt. Frau Schnauz hebt ihr Sektglas aus feinstem Kristall und prostet Vivien zu, dann reißt sie ein Stück von der Watte ab und stopft es sich in den Mund. »Himmlisch!«

Ich verabschiede mich, denn aus dem Augenwinkel sehe ich Firuz über die Wiese zu uns marschieren. Wir kommen gleichzeitig bei Vivi an, die gerade die Schlange der Kinder abgearbeitet hat. Zuckerkristalle verteilen sich über ihr Gesicht und glänzen in der Sonne, sie hat jetzt wirklich was von einer Fee.

»Sorry, ich hab Herrn Weißhaupt noch geholfen, seine Frau in den Schatten zu rollen. Wo sind die Zwillinge?«, fragt Firuz.

»Dahinten kommen sie!« Vivi nimmt ihre Schürze ab und wirft sie Firuz zu. »Die Weißhaupts sind am Spieli, oder? Und Tobi? Backt noch Kuchen, oder was? Kannst du mal übernehmen? Bin gleich wieder da!« Und schon ist sie weg.

»Na toll«, brummt Firuz, zieht sich aber doch die Schürze an, geht hinter die Maschine, kippt Zucker in die Rinne, dreht an und hält wie ein Vollprofi den nächsten Holzstab rein. »Zuckerwatte für dich?«, fragt er.

Und neben mir fragt eine Stimme zurück: »Was kostet die denn?« Erschrocken drehe ich mich um. Neben mir steht Annika. »Was kostet die Zuckerwatte?«, fragt sie noch mal.

Und ich antworte automatisch: »Nichts. Also eigentlich nichts. Für Anwohner:innen ist es jedenfalls umsonst.«

»Cool«, sagt Annika zu mir. »Ich bin Anwohnerin. Ich wohne in Haus Nummer fünf, direkt überm Sputnik.« Und zu Firuz: »Dann nehme ich zwei, bitte.« Firuz reicht ihr zwei Stäbe rüber. Einen gibt Annika weiter an … mich? »Bis dann, Enna. Auf gute Nachbarschaft. Und schöne Ferien noch mal!«

Die Twins lassen sich genau in dem Moment auf die Bierbank fallen, als Boulette im Hintergrund von der Menge verschluckt wird. Firuz brummt wieder: »Behält den einer im Blick?«

Aber ich habe im Moment nur Jack im Blick. Sein Gesicht sieht wirklich übel aus. »Scheiße, tut das weh?«

»Brennt ein bisschen«, antwortet Jack.

Und Joy beruhigt mich: »Das hat Klümpchen nicht mit Absicht gemacht. Sie war in Panik, weil ihre Geschwister auf sie losgegangen sind und Jack sie rausgeholt hat.«

»Und wo ist sie jetzt?«

Jack und Joy starten die Augenbrauenwelle. »Hier.«

Joy reicht mir zwei Hände voll Fell über den Tisch, aus denen mich zwei Augen Hilfe suchend anschmachten. Schnell lasse ich Klümpchen auf meinen Schoß gleiten. Gleichzeitig vibriert mein Handy. Und auch das der Zwillinge. Jack liest vor: »Achtung, Mütter im Anmarsch.«

Die Augen der Zwillinge wandern blitzschnell zu Firuz an der Zuckerwattemaschine und dann über den Hof. Joy springt als Erste auf. Jack folgt. »Mutti!« Sie rennen auf die Frau zu, die ich bereits von dem Foto in Herrn Palaskes Schlafzimmer kenne, nur dass sie dort nicht in dem Rollstuhl saß, mit dem sie sich jetzt über den Rasen müht. Doch bevor die Twins die Frau und den Stuhl erreicht haben, schiebt sich der Hausi in mein Blickfeld und greift beherzt zu. Zu dritt tragen sie den Rolli kurzerhand an unseren Tisch. Die Twins bedanken sich beim Hausi, dann umarmen sie abwechselnd ihre Mutter, so hungrig, als hätten sie sich Jahre nicht gesehen. Frau Palaske strahlt ihre Kinder an. Und dann sagt sie etwas Merkwürdiges. Nämlich: »Wie gehts meiner Minka?« Für einen Augenblick sehe ich so etwas wie Enttäuschung über die Gesichter der Zwillinge huschen, doch dann brabbeln beide drauflos. Gerade als ich mich frage, welche Mutter noch im Anmarsch ist, sehe und höre ich sie: Nelly Zieschank! Sie fährt das blumengeschmückte Fahrrad von Frau Weißhaupt unter dem Johlen der Nachbar:innen über den Steg hin zum Sportplatz. Dabei flattern ihr Kleid und ihre Haare im Sommerwind. Und Tobi Totengräber rennt ihr keuchend, aber glücklich hinterher.

»Was für ein Spaß!« Mama lässt sich neben mich auf die Bank fallen. Sie ist genauso außer Atem wir Cleo, die meinem

Blick gefolgt ist. »Ich muss zuerst was trinken«, japst sie, »aber dann können wir gerne noch ne Runde Fahrrad fahren. Das sieht auch lustig aus.«

Ich sehe, wie Vivien zufrieden lächelnd wieder zurück an unseren Stand kommt und ich möchte sie dringend etwas fragen, aber ich weiß nicht, wie ich das machen soll. Stattdessen frage ich Cleo: »Wie findest du es hier? Ist nicht sooooo scheiße, oder?«

Cleo lacht. »Doch, es ist der totale Absturz! Guck dir Stella an, ich glaub, sie bekommt schon Depressionen.«

»Und sind Depressionen ansteckend?«

»Bestimmt, Enna.«

»Aber meinst du nicht, die ließen sich vielleicht noch abwenden? Also von mir? Indem ich zum Beispiel ein Haustier bekomme?«

Cleo und Mama sehen sich an. Wie sich nur beste Freundinnen ansehen können. Dann nickt Cleo. »Doch, Enna, das glaube ich. Ein Haustier kann in schwierigen Lebenslagen äußerst hilfreich sein. Nur wie kommen wir auf die Schnelle an ein Tier ran? Mir scheint, es ist dringend.«

»Das ist es. Und ich würde alles nehmen, um gesund zu bleiben. Aber ganz besonders gerne hätte ich dieses hier.« Und dann gestatte ich den beiden einen Blick in mein T-Shirt. »Darf ich vorstellen. Das ist Klümpchen. Und ich bin so was wie … seine Mutter. Also nicht die echte natürlich. Die von einem anderen Stern.«

»Die verrückte, meinst du?« Cleo lächelt mich an.

Mama nimmt mich in den Arm und zieht mich fest an sich. »Wie geht es dir, mein Schatz? Geht es dir gut hier?«, flüstert sie in mein Ohr.

Ich nicke.

»Und möchtest du noch eine Weile mit uns hierbleiben?«

»Mit uns?«

»Mit mir und Klümpchen?«

»Ja, das möchte ich.«

»Genug getuschelt, ihr Täubchen«, mischt sich Cleo ein, die schon wieder zappelig wird. »Entweder du kommst jetzt mit mir Fahrrad fahren, Stella, oder ich tanze auf der Stelle mit Bernd Konopka Stehblues.«

Mama sieht mich gespielt entsetzt an. »Entschuldige, Enna, aber das muss unbedingt verhindert werden, schließlich wollen wir hier wohnen bleiben.« Sie steht auf, nimmt Cleos Hand und zieht ihre Freundin kichernd hinter sich her.

Und ich ziehe mein Handy raus.

Ich tippe: *Als ich zum allerersten Mal in der 1404 auf dem Balkon stand, da hat unten auf dem Sportplatz ein Mädchen extrem toll mit ihrem Hintern gewackelt.*

Ich drücke auf senden und schiele zur Zuckerwattefee. Die nimmt ihr Handy, liest, tippt und sucht meinen Blick.

PJM: *Und?*

Ich tippe: *Und ich habe zum Universum gebetet, dass wir hier einziehen und genau dieses Pufferjackenmädchen meine Freundin wird.*

PJM: *Pufferjackenmädchen?*

Ich tippe: ♥ *PJM* ♥

Vivien an der Zuckerwattemaschine lacht auf. Dann tippt sie.

PJM: *Besten Dank ans Universum. Hat geklappt!* ♥

Frauke Angel wurde 1974 im Ruhrgebiet geboren. Sie ist ausgebildete Schauspielerin und arbeitete zwanzig Jahre auf deutschen Bühnen, bevor sie 2015 ihr Hörfunk- und 2017 ihr Kinderbuchdebüt gab. Seitdem schreibt sie Bücher, Erzählungen und Hörspiele für Kinder, Jugendliche und manchmal auch für den Rest der Familie. Für ihre Texte wurde sie mehrfach ausgezeichnet.

Stephanie Brittnacher ist selbstständige Illustratorin. Sie begeistert mit ihrer Vielseitigkeit an Themen und Stilen. Ihr Repertoire umfasst Kinder- und Jugendbücher, Live-Visualisierungen – und Comics!

2. Auflage 2024

In der Penguin Random House Verlagsgruppe GmbH
Neumarkter Staße 28
81673 München

Text: Frauke Angel
Vermittelt durch die Agentur Susanne Koppe,
www.auserlesen-ausgezeichnet.de
Bilder: Stephanie Brittnacher
Druck: GGP Media GmbH, Pößneck
ISBN 978-3-86429-618-5

FSC
www.fsc.org
MIX
Papier | Fördert gute Waldnutzung
FSC® C014496
Penguin Random House Verlagsgruppe
FSC ® N 001967

Und so gehts weiter …

ISBN 978-3-86429-631-4
€ 16,00 (D)/€ 16,50 (A)

Die Sonne brennt und die NEUE HEIMAT hat einen Ferienjob zu erledigen. Allein Firuz ist motiviert. Denn der spart zielstrebig jeden Cent für seinen Traum. Doch als er an seinem ersten Arbeitstag in die 0101 heimkehrt, durchkreuzt gerade ein Bagger seinen sorgsam ausgetüftelten Sparplan. Firuz ist am Boden zerstört. Aber nicht allein. Enna, Vivi und JJ haben eine Idee! Mit der bringen sie nicht nur das komplette Ghetto ins Schwitzen, sondern fördern auch einige merkwürdige Überraschungen zutage.